認知症の人が
その人らしく生きる
介護術

― 認知症介護ラプソディ2 ―

まえがき

私が長年携わってきた看護の仕事では、患者さんを担当する際に、生活歴（その人が生きてきた足取り）を聞いてから、看護の計画を立てて、看護を行います。生活歴を調査する際には、患者さんの言うことを同じ目線で傾聴し、共感しながら人間関係を築き、看護を行います。生活歴を知ることは、病気を患っても、その人らしく生きられるように、病気から回復して本来のその人らしい生活に戻れるように支援するために大切なのです。

認知症ケアについて学べば、学ぶほど、そんな看護の基本がいかに大事かを思い知らされます。英国の認知症ケアの第一人者トム・キットウッドは「パーソンセンタードケア」を提唱し、業務中心のケアではなく、人を中心とするケアの重要性を説きました。画一的な支援ではなく、認知症の人の価値を認め、その人の視点に立って、その人らしさを尊重することが大切であると主張したのです。この考えは世界の医療・福祉現場に大きな影響を与えました。どのような人にもその人らしさを尊重する支援は必要ですが、認知症の人にはとりわけそれが求められます。

認知症になると、「自分らしさ」がどういうものだったか思い出せないことがあります。例え「自分らしさ」がわかっていたとしても、認知症の人は自らを、自分らしく生きることができる環境にもっていくことが難しいのです。したがって、周りの人は本人が住みやすい環境を察し、整えてあげて、その人らしい生活ができるように支援することが重要なのです。

高齢者や認知症の人に対して「その人らしく生きる」ための支援を行うことは重要ですが、もうひとつ重要な概念があります。

発達心理学者のエリクソンは老年期の発達課題を「自我の統合」であると説いています（詳しくはP128）。

「自我の統合」とは、自身の人生の振り返りを通じて人生を総括し、人生の価値を確認し、納得して人生を締めくくる過程です。高齢者は長い人生において、いいことも悪いこともたくさん経験しています。老いていくと、体が思うように動かなくなったり、大切な人が亡くなっていったり、失うものが多くなったりと、マイナスなことが増えていきます。しかしながら、体は老いても精神的には成長することができます。老年期は自分の家族やライフワークで残してきたものをゆっくりと振り返り、総じて「まぁいい人生だった」と納得できることがなによりも大事なのです。

認知症の人も同じように、このような発達課題を抱えています。しかし認知症の人は記憶が徐々になくなっていきます。そのような中で、人生を振り返り、統合感を獲得していくのは容易なことではありません。そのため、認知症の人は「自我の統合」のための支援を常に必要としているのです。

本書ではそのような高齢期や認知症ケアで大事なことを、愉快なばあちゃんのストーリーにのせて紹介していきます。本書から、なにか介護生活に活かせることを感じ取り、つかんでいただければ幸いです。

主な登場人物

◆ユウ（速水ユウ）

関東の大学で看護医療学部の教員をしていたが、第1子出産を機に大阪に戻り、しばらくの間、ばあちゃん（祖母）の家に居候することに。ばあちゃんに徐々に認知症の症状が出てきて、ばあちゃんの介護をしながら子育てをすることになる。介護サービスを導入し、ばあちゃんの介護が軌道に乗ると、ばあちゃんの家から徒歩1分の新居に引っ越しをする。母とともにばあちゃんの介護をしながら、大学の高齢者看護の教員職に就くも、第2子出産を機に退職。

◆ばあちゃん（後本ヨネ子）

ユウの母方の祖母。若い頃は大学病院の調理師だった。実家の近くにひとり暮らし。ユウが居候していた頃に、アルツハイマー型認知症と診断される。訪問介護やデイサービスを利用しながら、ひとり暮らしを続けているが、急な入退院が多い。

◆母（後本初子）

ユウの母。ばあちゃんの家、ユウの家から徒歩1分の実家に住んでいる。パートタイムで調理師をしながら、ばあちゃんの介護やユウの育児の手伝いをする。

◆茂兄さん（後本 茂）

和歌山に住み、ばあちゃんになにかあったら、すぐに駆けつけてくれる。ユウがばあちゃんの家を出てからは、隔週で泊まり介護に来て、受診にも付き添ってくれる。

もくじ

第4章 在宅復帰

前作『認知症介護ラプソディ』のもくじ

認知症介護
ラプソディ
笑って学ぶ
認知症介護が楽になる40の知恵
ついに、
物盗られ妄想が
始まったか！

＝認知症レッスン＝

第1章

病院での奇跡の復活

死の宣告

「ピーポー、ピーポー」

厳しい寒さが続く2月のある日、ばあちゃんは救急車の中で心臓マッサージを受けながら病院に搬送されていた。ばあちゃんは大阪にひとりで住んでいる。私の家は、ばあちゃんの家から歩いて1分のところにある。母も、ばあちゃんの家から歩いて5分くらいのところに住んでいる。

この日、ばあちゃんは自宅の玄関で急に気分が悪くなり、バタリと倒れた。救急隊が到着したときには心肺停止となっていた。週末がばあちゃんの誕生日で、米寿を祝おうと奈良の五條の温泉宿に行く予定だった。

救急車が病院に到着すると、ばあちゃんは救急外来に運ばれ、本格的に蘇生が試みられていた。私と母は救急外来用の待合スペースに通された。

「あぁ、もう覚悟せなあかんな」

母がぼそりとつぶやく。私は大きく頷く。ばあちゃんとはもう話せないかもしれない。現実的に考えると、88歳で心肺停止になったら、もとの状態に戻る可能性はかなり低い。

（もっと優しい言葉をかけてあげればよかった）

私は、ばあちゃんとやりあった数々の場面を振り返り、これまでの自分の言動について深く反省していた。そこへ、ばあちゃんの長男である茂兄さんが救急外来口から入ってきた。茂兄さんは和歌山に住んでいる。

「茂兄さん、早かったな」

茂兄さんは和歌山から来たとは思えないほど早く到着した。きっと高速道路を飛ばしてきたのだろう。茂兄さんもベンチに座れるように、私と母は奥に詰めた。茂兄さんのスラリとした立ち姿が、死んだじいちゃんを思い出させる。茂兄さんはそっと腰を下ろして、低い声でぼそっとつぶやいた。

「もう、これであかんかったら、寿命やな」

「そうやな、もうほんまに覚悟せなあかんな」

姉弟ならではの過去から現在までをすべて引っくるめたような深い相槌だった。時計を見ると病院に到着してから30分ほどが経過していた。しばらく沈黙が続いたあと、体格のいい医師が救急外来のほうからこちらに歩いてくるのが見えた。

「後本さんのご家族さんですね」

「はい」

「心臓外科医の伊集院です。状態をご説明しますので、こちらへ」

奥の部屋に通された。

「心肺停止でしたが、命は取りとめられました。今は血圧が低く、脈も弱いです。ただ、原因がわからないんです。心臓もそれほど悪くなかったようですし、脳梗塞でもありません」

モニターでMRI画像を確認しながら丁寧に説明を受けた。

「うちにはかかったことがなかったようでしたが、心肺停止の緊急だったのでお引き受けしたんです」

横柄さはみじんも感じられない実直なベテラン医師だった。

「申し訳ありませんが、ここからは若手の医師が引き継ぎます」

看護師が入ってきて、医師に耳打ちをした。

「意識が戻られたようです。声をかけてもらって結構ですよ」

私たちは看護師に連れられ、ばあちゃんのもとに向かった。

ばあちゃんには点滴や人工呼吸器が取り付けられていて、見るからに痛々しかった。

「ばあちゃん、頑張ったな」

私たちが声をかけると、ばあちゃんは目を少し開いて小さく頷いた。モニターを見ると血圧は上が70台だった。茂兄さんがぎゅっとばあちゃんの手をしばらく握っていた。ばあちゃんは、いつになく弱々しい表情だったが、少し嬉しそうに見えた。

私たちがその場を離れようとしたとき、声をかけられた。

「後本さんの家族さんですね。私が担当となる須垣です。いやぁ、ちょっと心肺停止の原因がわからないんで、今から心臓カテーテル検査をしたいんですが」

唐突な質問にびっくりしてしまった。止まっていた心臓が動きはじめたばかりなのに、そんな大がかりな検査をしても大丈夫なのだろうか。

「クレアチニンキナーゼもなぜかちょっと高いんですよね」

須垣先生は30歳前後だろうか。少し薄くなった髪をツンツンと立たせている。目は細めで傲慢そうな鼻が印象的である。医師としての経験が浅いせいか、目が泳いでいて、視線が定まらない。

「なんだかこの医者は信用できない」

そう思った私は言い返した。

「今、やっと一命を取りとめたばかりなので、大がかりな検査をするのは心配です。あまり必要でなければ、やりたくないんですが」

「じゃあ、もう一度血液検査をして、その結果を見てから考えましょう」

私たちがしばらく待合室で控えていると、須垣先生がやってきた。

「血液検査の結果、問題がなかったので、もう心臓カテーテルはやらなくていいと思いまーす」

その軽々しい口調に腹立たしさを覚えながら、私は静かに答えた。

「そうですか、ありがとうございました」

それから、ばあちゃんは救急外来からＩＣＵ（集中治療室）に移された。

ばあちゃんの状態が落ち着いてきたので、私と母はいったん帰ることにした。そこへ肩を落とした茂兄さんがやってきた。顔にどこかかげりが見える。

「ちょっとさっき、須垣先生と話をして……。ちょっとこっちで話そうか」

茂兄さんはＩＣＵ用の待合室に入るよう促した。待合室の中には仕切りがあり、２組の家族が待機できるようになっている。３人とも腰をかけると、すぐさま茂兄さんが話し出した。

「須垣先生は、もう死ぬ方向にしか向かってないって言うんや。数週間か数カ月かわからんけど、もう回復は望めなくて、あんまり長くないらしいんや」

「えっ」

私と母は言葉を失った。

「俺、もう食事の宅配の仕事を辞めようかと思う。最期ぐらい一緒にいてやりたいから」

茂兄さんは、定年退職後、食事の宅配の仕事を始めたところであった。

「そう……」

私と母も肩を落とした。

身体拘束を突破

1週間ほど経ったある日、ばあちゃんはICUから一般病棟の個室に移された。

私と母は、ばあちゃんの様子を見るために病棟へ上がった。ばあちゃんは体を拘束され、人工呼吸器がつけられていた。ただし、点滴の数は減っているようだった。

「なんか、よくなってきてるんじゃないんかな?」

ばあちゃんは私たちの顔を見ると、両手を拘束しているミトンを外すように目で合図し、訴えかけた。

「私たちがいる間、ちょっとミトンを外してもいいですか」

点滴の処置に来た看護師に聞いてみた。

「いいですけど、点滴とか抜かれないようにしてくださいね。認知症だから、すぐ抜いてしまうと思うんで」

看護師のつっけんどんな口調に少々腹が立ったが、押し黙った。認知症だからといって、点滴やチューブを抜くとは限らないのに。

家族への説明もなく、ばあちゃんが拘束されていることは、介護保険指定基準に反していることはわかっていたが、命を助けてもらったし、病院と揉めるのも面倒だと思い、黙認していた。大学で老年看護の教員をしているにもかかわらず、黙認してしまっている自分になんとも言いようのない情けなさを感じていた。

私はそっとミトンを外した。次の瞬間、ばあちゃんはベッド脇に置いてあったティッシュ箱からティッシュを1枚引っ張ると、酸素マスクを外して、鼻をかみはじめた。

「ふん、ズズズ」

私たちは、あっけにとられて止めることもできなかった。

「あかんってばあちゃん、マスク取ったら」

「こんなんつけてたら、余計に息がしにくいわ」

（ばあちゃんは本当に死ぬ方向に向かっているのだろうか）

そして次の日、私が面会に行くと、ばあちゃんは個室から相部屋へ移されていた。ばあちゃんの着替えとして、病院で洗濯してもらえるパジャマやスリッパなどが一緒になった「入院セット」が便利と聞いたので、それを申し込んだ。パジャマは紺と白のストライプ模様だった。

「後本ですけど、お部屋はどこになりましたか」

ナースステーションの出入り口から遠慮がちの小さめの声を発したが、看護師は誰も振り返らない。

「すみません、後本ですけど、お部屋はどこになりましたか」

今度は遠慮なく大きな声で言うと、やっとひとりの看護師が振り返った。

「407号室です。そこのふたつめの部屋です」

ぶっきらぼうに返答されたが、気にせず病室へ向かった。なにやら病室のほうからダーン、ダーンと異様な音がする。

病室をのぞくと、そこには目を疑う光景があった。ばあちゃんは依然として拘束され、鼻にチューブを入れられていた。両手にミトンがはめられ、両足はベッドの柵に拘束され、胴体には抑制帯が巻かれている。そんな状態のばあちゃんが、自由になろうと両手両足をばたつかせて、ダーン、ダーンとものすごい音が響かせていた。ばあちゃんは昔から腕力が強かった。抑制帯を引っ張り、必死に上半身を起こそうとしていた。額には汗がにじんでいる。紺と白のストライプ模様の服を着ているばあちゃんは脱出を試みる囚人のようだった。

「ばあちゃん、ばあちゃん、ちょっとなにやってんの？　頑張りすぎやで」

「あぁ、ユウ来てくれたんやな。これが取れんでな」

「外したるよ。ちょっと待って」

私はちょうど通りかかった看護師に声をかけ、私がいる間だけ拘束帯を外す許可を得た。ばあちゃんは安堵の表情を見せた。

「ユウが来てくれてよかった」

「相部屋に移されたってことは、明らかによくなってるよ、ばあちゃん」

人工呼吸器も酸素マスクも取れていた。

「早くここから出たいんや。早く家に帰りたい。ここにいたら落ち着かん」

「そうやな、帰りたいなー。早く帰れるように先生に頼まんとな」

殺風景な病室を見渡しながら、私は答えた。

「ばあちゃんの好きなひざ掛けとか、干支の色紙とか持ってきてあげるよ」

しばらく、ばあちゃんと他愛ない会話を交わしたあと、看護師に声をかけた。

「少し部屋を離れますので、お願いします」

看護師は笑顔もなく私を一瞥すると、ばあちゃんの抑制帯を結びはじめた。

所用を済まして、病室に向かって歩いていると、病室からなにやら声がする。

「後本さん、後本さん」

看護師の大きな声が聞こえる。病室に戻ると、ばあちゃんは抑制帯を強引に振りほどいて、スリッパも履かずに裸足で病室内のトイレに入ろうとしていた。抑制帯の紐が体にからみついたままだ。年輩の看護師は驚いた様子で言った。

「ほどかれないよう、きつく縛ったのに。後本さん、忍者みたい」

「ふん、ばあちゃんは女やからクノイチや。紐をしばったり、ほどいたりするのは、あんたらみたいな若いもんよりばあちゃんのほうがうまいわ」

トイレの中から、ばあちゃんの怒りの声が荒い鼻息とともに聞こえてきた。ばあちゃんの言うことはもっともだ。ばあちゃんは段ボールもガムテープもない時代から生きているんだ。紐の扱いは、ばあちゃんのほうがうまいに違いない。通りかかった別の看護師がつぶやいた。

「後本さん、歩けたんですね」

[レッスン]

認知症の人と身体拘束（行動の制限）

身体拘束ゼロ作戦

２０００年より、日本では「身体拘束ゼロ作戦」を掲げ、身体拘束の廃止を実現するための幅広い取り組みが行われています。

介護保険指定基準の身体拘束禁止規定では、「当該入所者（利用者）又は他の入所者（利用者）等の生命又は身体を保護するため緊急やむを得ない場合を除き、身体的拘束その他入所者（利用者）の行動を制限する行為を行ってはならない」とあります。

身体拘束を行う場合、切迫性・非代替性・一時性の３つの要件をすべて満たし、本人と家族へ説明し同意を得ること、身体拘束の内容を正確に記録することなどの手続きが必要です。このような手続きが行われていない場合は高齢者虐待とみなされます。

身体拘束の現状

本来、身体拘束は「緊急でやむを得ない場合」に限り、実施することができます。また通常では、介護施設や病院などで身体拘束を実施する場合、口頭で家族の同意を得るか「行動制限実施同意書」への同意が必要です。

しかし実際の現場では、家族の同意を得ずに身体拘束が行われていることがあります。また、人手不足や「本人や他の利用者の安全を守るため」という名目で、介護保険指定基準の範囲を越えた身体拘束が行われていることも少なくありません。その一方で「身体拘束をしないことの同意書」を求められるところもあります。これは、身体拘束は行わないが、転倒などのアクシデントが生じても施設側は責任を負わないということです。

もし、自分の家族が同意なしに身体拘束をされていた場合は、本当に身体拘束が必要なのか、どういう理由で、どれぐらいの時間拘束されているか、身体拘束以外の方法は検討されたのか、などをスタッフに確認しましょう。自分の家族は自分で守るという意識が大切です。

特に認知症の人は「転倒しやすい」、「ケアの必要性が理解できず協力的ではない」などの先入観から身体拘束が正当化されやすいのです。これは人権侵害に該当する可能性もあり、社会問題となっています。

認知症の人は、治療の詳しい内容は理解できないかもしれませんが、人によっては「病院で治療中なので静かにしておかなければいけない」といったことは理解できます。

身体拘束が認められる3つの要件（緊急やむを得ない場合）

切迫性
利用者本人またはほかの利用者等の生命または身体が危険にさらされる可能性が著しく高いこと。
非代替性
身体拘束、その他の行動制限を行う以外に代替する介護方法がないこと。
一時性
身体拘束その他の行動制限が一時的なものであること。

※身体拘束ゼロへの手引き

身体拘束とみなされる具体的な行為	
1	徘徊しないように車いすやいす、ベッドに体幹や四肢をひも等で縛る。
2	転落しないように、ベッドに体幹や四肢をひも等で縛る。
3	自分で降りられないように、ベッドを柵（サイドレール）で囲む。
4	点滴、経管栄養等のチューブを抜かないように、四肢をひも等で縛る。
5	点滴、経管栄養のチューブを抜かないように、または皮膚をかきむしらないように、手指の機能を制限するミトン型の手袋等をつける。
6	車いすやいすからずり落ちたり、立ち上がったりしないように、Y字型抑制帯や腰ベルト、車椅子テーブルをつける。
7	立ち上がる能力のある人の立ち上がりを妨げるようないすを使用する。
8	脱衣やおむつはずしを制限するために、介護衣（つなぎ服）を着せる。
9	他人への迷惑行為を防ぐために、ベッドなどに体幹や四肢をひも等で縛る。
10	行動を落ち着かせるために、向精神薬を過剰に服用させる。
11	自分の意思で開けることのできない居室等に隔離する。

※身体拘束ゼロへの手引き

[レッスン]

高齢者が入院したときの対応

1 入院をきっかけに認知症になることがある

病院での入院生活は刺激がなく、自宅よりも居心地が悪いので、認知症が進行しやすくなります。特に入院や手術後は、認知症が進んだり、日常動作レベルが低下しやすくなります。私も看護師時代、それほど認知機能が衰えていなかった人が、入院後に不穏になったり、認知症が進行してしまったりする様子を目にしたことがあります。

2 できるだけ多く面会に行き、声かけする

入院や手術後は誰でも不安を抱えますが、認知症だとより一層不安な気持ちになりやすいと思われます。できるだけ多く面会に行き、寄り添って、たくさん会話をしましょう。見る、聞く、話すなど感覚を刺激することが大切です。また、ケアについて十分な説明を受け、不適切なケアが行われていないかも確かめましょう。

3 早期離床を促す

病気やケガからの回復には安静が必要ですが、寝ている期間が長くなると筋力が低下し、最悪の場合には寝たきりになってしまいます。「早期離床」とは病状が落ち着いて、体が動かせるようになったら、早い時期から座ったり、立ったり、歩いたりして、寝たきりを防ぐことです。面会時はベッドから起き上がって座ってもらうようにします。食事、排泄、着替えなどの日常動作で、自分でできる部分は自分で行い、少しでも筋肉を使うよう促しましょう。

4 光や音による刺激を利用する

認知症の人は時間の感覚が鈍くなっているので、日光が入らない部屋に長時間いたり、外に出る機会が少なかったりすると、昼なのか夜なのかがわからなくなってしまいます。また、日中にやることがないと寝てしまい、夜に眠れなくなってしまいます。生活リズムを整えるには、光による刺激が効果的です。日中は部屋にできるだけ日光が入るようにし、また散歩などで外出することも大切です。鳥の鳴き声など自然の音を取り込んだり、好きな音楽を聴いたりするなど音による刺激も効果的です。光や音による刺激だけでなく、マッサージによる肌への刺激も効果があります。

5 馴染みのアイテムを持ってくる

高齢者が病院や施設など自宅と異なる環境に置かれると、生体リズムが乱れ、睡眠障害や抑うつ状態になる可能性が高くなります。家でいつも使っているコップやブランケット、家族の写真など、本人の馴染みのアイテムを持ってくるとよいでしょう。新品を買ってくるより、本人がいつも使っている物のほうが安らぎを与えます。

認知症の治療

ばあちゃんが緊急入院してからというもの、ばあちゃんの生死のことで頭がいっぱいで認知症のことをすっかり忘れていた。そういえば、認知症の薬はどうなっているのだろうか。

ある日、ばあちゃんの面会のついでに認知症の薬について担当の看護師に尋ねてみた。

「今まで通っていた物忘れ外来の紹介状ってどうなってるかわかりますか？」

看護師はワゴンの上のパソコンを見つめたままそっけなく答えた。

「ちょっとわからないですね」

これ以上、調べてくれる様子はない。

「じゃあ、事務の人に聞いてみます」

私はその足でナースステーションに向かい、入り口の近くの事務員に声をかけた。

「後本ですけど、認知症を診てもらっていた精神科の紹介状がどうなったかと思いまして」

現在入院しているこの病院は家から近いため、今後の外来診察はこの病院で行いたいと思い、これまで通院していた大学病院の内科と物忘れ外来に紹介状を送ってくれるよう手配していた。この病院には認知症を専門とする科はなかったが、神経内科で認知症も診ているとホームページに書いてあった。私たち家族は認知症の薬さえ出してもらえればいいと安易に考えていた。

事務員が調べてくれた。

「精神科の紹介状は須垣先生が持っているみたいです。今から先生が説明にいらっしゃいますので、そこの面談室でお待ちください」

しばらくすると、須垣先生が現れた。

「要件はなんでしたっけ?」

「認知症の治療についてなんですが、紹介状はどうなっているのかと思いまして」

「あぁ、はいはい、私が持っているんですが。認知症の治療ってそんなに必要ですか。もう年齢も88歳でしょう?」

医師とは思えない心無い言葉だった。

「今まで大学病院の物忘れ外来で診てもらっていて、お薬でかなりいい状態を維持できていたんです。認知症のお薬を出していただけるなら、もうすべてこちらの病院でと思っているんですが」

「うちの病院には認知症の専門外来はなくて、神経内科でちょっと診ているだけなんです。認知症の薬は副作用で徐脈が出るんですよ。後本さん、ちょっと徐脈でしょう? そういうのもあるんでね。神経内科は非常勤の先生なので、あまり難しい薬の判断は任せられないんですよ」

須垣先生の大きな鼻がひくひくと動いた。

「まぁ、そんなに出してほしいなら出しますよ」

須垣先生はパソコンのカルテに入力しはじめた。画面に「リバスタッチ」と表示されている。認知症治療薬の貼り薬だ。

「認知症の薬出しときましたんで、じゃあこれで」

そう言って須垣先生は腰を上げた。副作用がどうのこうのと気にしていたわりには、あっさり処方された。

その日の夜、母がばあちゃんの面会に行くと、床頭台の上に「3月28日朝、神経内科受診」と書かれたメモが置いてあったという。母が病院からの帰り道、私の家に立ち寄った。

「ユウ、神経内科の受診が明日って書かれたメモが置いてあったわ」

「あれ？　須垣先生は神経内科は非常勤の先生なので任せられないと言っていたのに」

「まあ、なにはともあれ、ユウのおかげやわ。これで認知症も診てもらえる」

「よかったね。ばあちゃんの場合、認知症の薬が大事なことは、私らもう経験済みやもんね」

須垣先生の矛盾した行動には納得がいかなかったが、認知症の治療が受けられることに安堵した。

[レッスン]

病院が変わったときには診療情報の引き継ぎを確認する

病院が変わったときには、新しい病院にそれまでの診療情報がきちんと引き継がれているかを確認しましょう。引き継ぎがなされていない場合は、それまで診てもらっていた医師に紹介状を書いてもらい、きちんと引き継ぎをしてもらいましょう。診療情報の引き継ぎは、病院側が積極的に行ってくれることは少なく、家族から働きかけない限り、放っておかれることもあります。診療情報の引き継ぎは必ず確認しましょう。

納得できない病態把握

ばあちゃんが入院して1カ月半が過ぎようとしていた。ばあちゃんはひとりでトイレに行けるようになっていた。病院食はまだキザミ食ではあったが、のりの佃煮を片手に毎食、たいらげていた。須垣先生の見立てに反して、ばあちゃんは明らかに元気になっていた。いつでも退院できそうな感じだ。

「ちょっと、須垣先生に今後の見通しについて聞いてみようか」

私と母は面会のついでに、須垣先生にばあちゃんの状態について聞いてみることにした。ナースステーションでスタッフに声をかける。

「すみませーん」

看護師は誰ひとり振り向かず、事務員だけが振り向いた。

「後本ですけど、先生に今後の見通しについてお尋ねしたくて」

「そうですか。じゃあ今すぐ先生に電話してみます」

事務員の対応はいつもすみやかだ。医療職ではないほうが、余計なことを考えず、すぐに動けるのかもしれない。

「すぐに説明に来るそうです。ここでしばらくお待ちください」

須垣先生がフロアに上がってくると、事務員にこの前と同じ面談室に通される。担当の看護師も一緒だ。

「えっと、なんでしたっけ？」

「後本の家族です。本人が大分元気になってきたので、今後の見通しについてご相談したくて」

「あー、はいはい、後本さんね」

須垣先生の言い方はいつも軽々しい。

「先を急がれたい気持ちはわかりますがね。もうちょっと後本さん、元気があったらいいんですが。まだ元気がないでしょう?」

(ええっ、あれで元気がない?)

「そうですか、もう十分過ぎるほど元気があると思うんですが」

同席している看護師がぷっと吹き出した。

「いやー、まだまだ。もうちょっと元気があったらね」

ついに看護師がたまりかねて言葉を発した。

「先生、お言葉ですが、後本さんはもうトイレも自分で歩いていってますし、食事も来週くらいから普通食になりそうですよ」

「えー、もうそんなに元気なの? 知らなかったな」

須垣先生は取り繕う様子もなくそう言った。

「看護師もこう言ってますし、もう退院してもらってもいいですよ」

「えっ？」

「今すぐソーシャルワーカーを呼びますよ」

あっという間に話が二転三転する。このスピードに私はついていけなかった。須垣先生はすぐさま内線をかけて手配をした。

「すぐに来てくれるそうですよ。では、私はこれで」

そう言うと、須垣先生は出ていってしまった。

［レッスン］

高齢者の退院後の典型的な2つのケース

家族は本人の病状が悪化した場合、よくなった場合の両方を想定して、次にやるべきことを準備しておくと、いざというときに慌てずに済みます。

高齢者が退院した後の選択肢として主に2つのケースが考えられます。典型的な2つのケースを紹介します。

ひとつは、在宅サービスを利用して自宅でケアするケースです。もうひとつは介護老人保健施設（老健）や回復期リハビリテーション病院などに入り、リハビリを受けてから、自宅に戻るケースです。

老健は病院と在宅介護の中間のような存在で、一時的に入所し、療養やリハビリを行います。老健は公共型サービスの介護施設で、利用料金は比較的安く設定されています。退院後、まだ体が不自由で通常の生活に戻るのが不安な場合は、老健などでリハビリを受けたほうがいいでしょう。

回復期リハビリテーション病院は、脳卒中などの脳血管疾患、大腿骨などの骨折、脳損傷や脊髄損傷などの患者さんが退院後、集中的にリハビリを行う専門病院です。寝たきりを予防し、在宅へのスムーズな復帰を目的とします。

いずれにしても、入院中に病状がよくなってきたら要介護認定の申請を行いましょう。

なお、私たち家族は主治医の言うことを信じすぎていました。実際のところ主治医の見通しに反して、祖母はみるみるよくなっていきました。主治医の判断に納得がいかない場合はセカンドオピニオンを利用するのもひとつの手段です。

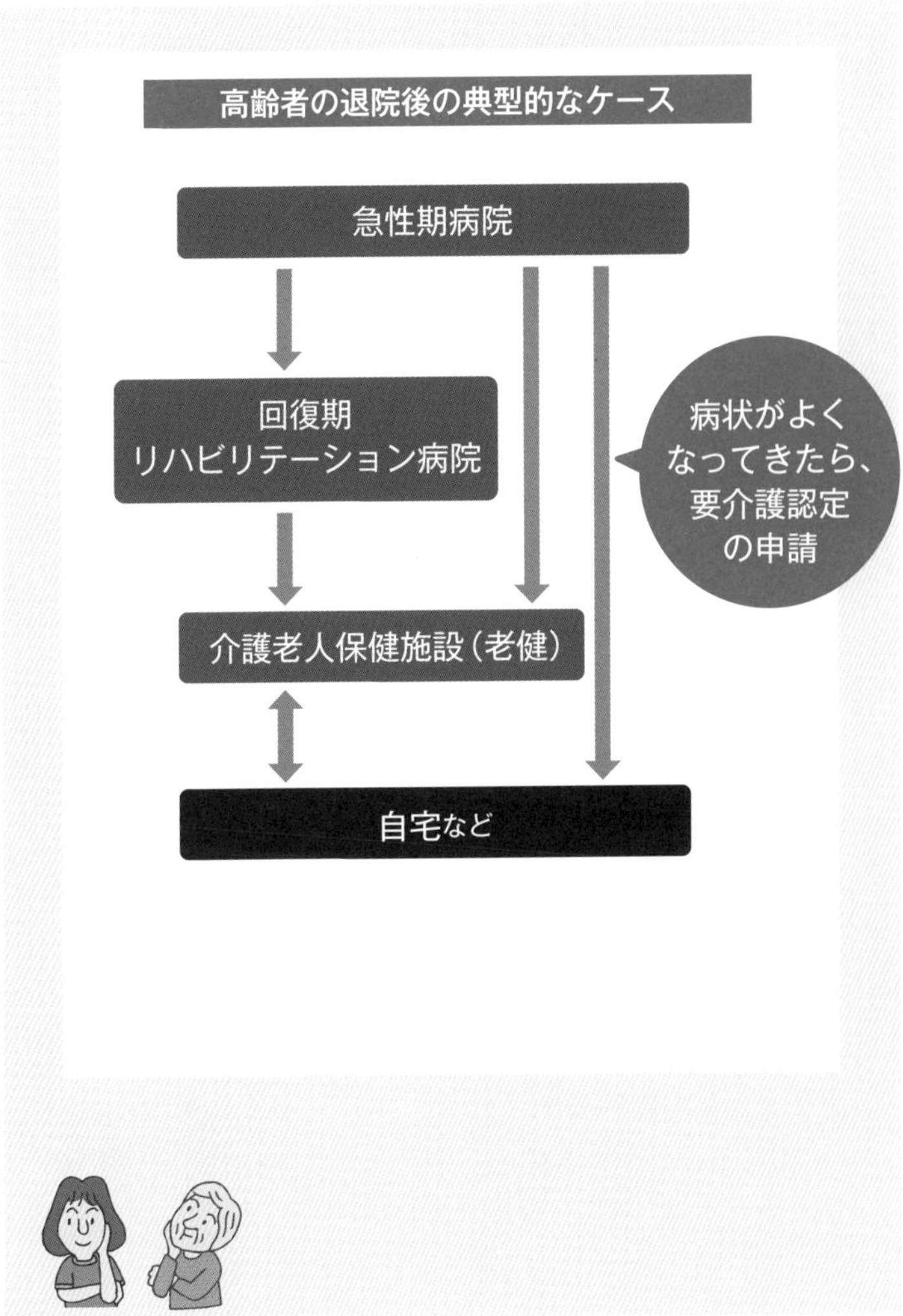
高齢者の退院後の典型的なケース
急性期病院
回復期
リハビリテーション病院
病状がよく
なってきたら、
要介護認定
の申請
介護老人保健施設（老健）
自宅など

一転して退院手続きへ

須垣先生が面談室から出ていったあと、間もなくして白いウインドブレーカーを着た小柄な女性と、背の高い白衣の女性が入ってきて、机の向かい側に座った。

「医療ソーシャルワーカーの和久井です」

「退院調整看護師の秋川です」

医療ソーシャルワーカーは、患者さんが退院後に、自宅や施設などで自立した生活を送ることができるように福祉や生活面において支援を行う。退院調整看護師は、病棟の担当看護師が記載した退院支援計画書をもとに、地域の医療機関や介護サービスなどと連携し、患者さんの退院後、療養面で支援する。

「よろしくお願いします」

私の声と相手の声が重なり合った。

「早速ですが、退院後、施設に移る方、自宅に直接戻る方など、人によってさまざまなのですが、後本さんのご家族の皆様はどのようになさりたいとお考えですか」

母はばあちゃんが倒れた日のことがトラウマになっていて、退院しても、そのまま家に帰すのは不安だと漏らしていた。私自身も、退院後は老健にいったん入所してリハビリをしたほうがいいと考えていたので、ケアマネジャーの佐藤さんに相談したり、施設見学に行ったりしていた。

「直接家に帰るのは心配なので、老健にいったん入所したいと考えています。そこで、もう少しリハビリをしてから家に帰るのがいいかと」

母は車の免許を持っていないので、面会のことを考えると、家から一番近い老健に入所するのがいいと、この時点では考えていた。

「どちらの老健に入るかは、もうお考えですか」

「はい、私たちの家から一番近いコスモスにしようかと思って、じつはすでに見学に行ってきたんです。こちらの病院の系列でもあるし、いいかと思いまして」

そう言って私はバッグからガサガサと書類を取り出した。

「病院で書いてもらう書類もすでに準備してあるんです」

「早いですね。入所についての説明は十分受けられました？」

「はい」

「そうですか。おわかりかと思いますが、老健だと介護保険になって、医療保険は使えません。老健でも薬は出ますが、出せる薬には限りがありますので、今まで飲んでいた薬が、飲めなくなる場合があります。その点は理解しておいてください」

「はい、それについては知っていましたので、持参薬をできるだけ多く持って老健へ入所したいと思っています」

納得できない仕組みだが、いたしかたない。

[レッスン]

老健では薬が制限される

老健の費用は「まるめ」と呼ばれる定額制で、上限があります。介護保険適用分の中に医療費や薬代も含まれます。限られた費用の中に薬代も含まれ、上限を超えた分の費用は施設の負担になるので、認知症の薬のような高額な薬が処方されにくくなります。高額な薬剤治療を受けている場合、持参薬がなくなる頃に一度退所し、医療機関から長期処方を受けて再入所することもあります。薬の処方に関しては老健ときちんと話し合っておきましょう。

[レッスン]

介護の相談はどこにしたらいいのか？

まずは地域包括支援センターへ

身近な人に介護が必要になったとき、どこへ相談したらいいかわからない人が多いようです。介護についていろいろ知りたいときは、まずは近くの「地域包括支援センター」に問い合わせてください。

地域包括支援センターは、高齢者の医療や福祉に関する総合相談窓口で、基本的に市町村ごとに設置されています（概ね中学校区にひとつの割合）。都市部では介護老人保健施設や社会福祉協議会などに委託されていることも多いようです。地域包括支援センターでは、保健師、社会福祉士、主任ケアマネジャー（主任介護支援専門員）の3職種がチームとなって連携し、利用者に適した介護保険内外のサービスを検討します。対象者の状態に応じて、要介護認定申請や住居介護支援事業所を案内します。要支援1～2の状態が軽い人のケアプランも担います。

地域包括支援センターの専門職

保健師

保健師は、地域の人々の保健指導が主な役割です。病気予防や介護予防の指導を行い、病気の人に対してはすみやかに医療機関につなげ、病気の重症化を防ぐよう指導します。

社会福祉士（ソーシャルワーカー）

社会福祉士の主な役割は、日常生活を送るのが困難な人を支援することです。虐待を受けている人、病気や障害、高齢などによって日常生活を送るのが困難な人、金銭的に困っている人などを行政につなげて、人権を擁護し、安定した生活を送ることができるよう支援します。

主任ケアマネジャー（主任介護支援専門員）

主任ケアマネジャーは、一般の主任ケアマネジャーのまとめ役的な存在です。新人ケアマネジャーの指導や育成、ケアマネジャーと他職種との連携の促進、地域のネットワークづくりや地域の発展のために尽力します。

三者共通の役割（介護予防ケアマネジメント）

介護予防ケアマネジメントとは、 要支援および「基本チェックリスト(※)」の該当者に対して提供されるケアマネジメントサービスです。介護予防ケアマネジメントは３職種が縦割りにならず、協働して実施します。地域の自主グループやボランティアなどの社会資源を発掘し、支援しながら、多職種の連携を促し、高齢者の健やかな生活に向けた地域づくりを進めていきます。

※基本チェックリストとは、地域包括支援センターや役所の介護保険の相談窓口において、要介護認定を受けなくても、必要なサービスが利用できるよう本人の状況を確認するツールとして用いるものです。

専門職の連携

例えば、50歳代の夫婦の妻から「夫が認知症かもしれない。どうしたらよいか」という相談があったとします。

まずは保健師が家庭を訪問し、本人の状態を確認します。そして、介護保険の介護サービスか、介護保険外の介護サービスを利用するかを判断します。場合によっては近隣の物忘れ外来や認知症予防教室などを紹介することもあります。

認知症と診断された場合、社会福祉士が行政の支援などについて説明します。例えば、障害年金や精神障害者保健福祉手帳のこと、自立支援医療制度（精神通院医療）で医療費の自己負担が軽減されることなどです。

主任ケアマネジャーは保健師と社会福祉士と相談しながら、必要な介護サービスを検討します。要支援者や基本チェックリストの該当者には介護予防ケアマネジメントが行われます。介護保険外のサービスである介護予防・生活支援サービスの利用希望者にも、ケアプランを作成します。要介護1～5の人については、居宅介護支援事業所のケアマネジャーがケアプランを作成します。

要介護認定の申し込みからサービス利用までの流れ

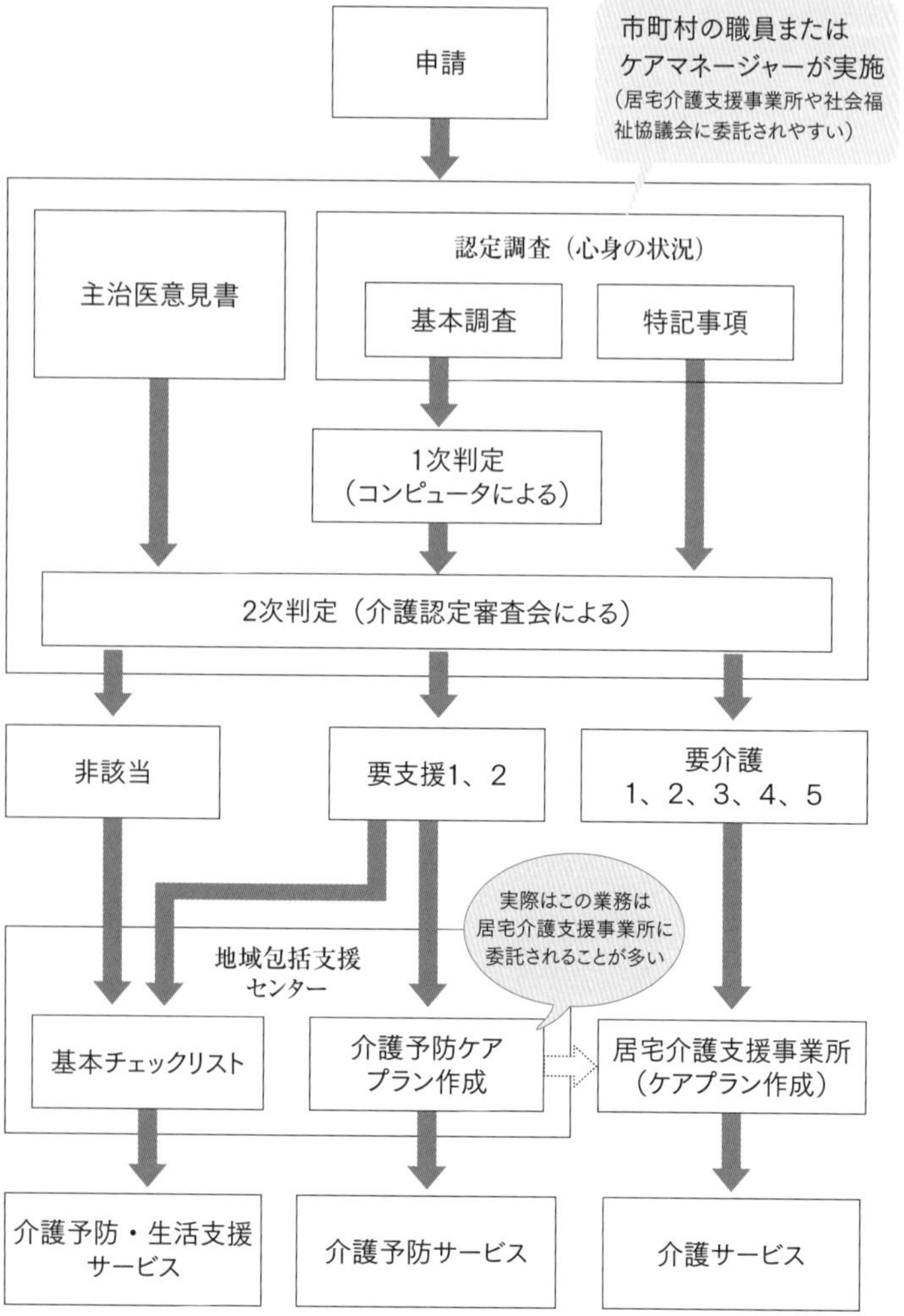

※『認知症介護ラプソディ』小社刊

第２章

老健で
ひと騒ぎ

老健を見学

ばあちゃんが入所予定の老健「コスモス」への入所手続きが進んでいる頃、私はふたり目の子を出産しようとしていた。入院している間、2歳のさおりは産まれて初めて母親なしで寝ることになる。2歳の子どもでも事情がわかるように、母親が病院で赤ちゃんを産むというストーリーの絵本を買って読ませることにした。そのかたわら、「コスモス」の見学にも行ったりしていた。

「コスモス」はかなり古い建物で、クリーム色の外壁は所々剥げ落ちていた。「コスモス」は5階建てで、1階は受付と機能訓練室、2階には地域包括支援センターがあり、3階から5階が居住スペースとなっている。建物の中に入ると、中は薄暗く、薄気味悪い観葉植物があちこちに置かれていて見通しが悪かった。

見学に行った日は、インフルエンザが流行っているということで居住スペースには入ることができず、1階だけの見学となった。案内してくれた担当者は、30代くらいの爽やかなショートカットの女性だった。私はばあちゃんの心身の状態から認知症のことまで詳しく説明した。ついでに「コスモス」では認知症のケアについてどのようなことをやっているかを聞いてみたが、詳しい説明はなかった。ばあちゃんの認知症の進行をできるだけ遅らせたいので、レクリエーションに積極的に参加させてもらい、衣服の着脱や排泄の介助などは必要最低限にして自立を促してもらうよう頼んだ。

帰り際、何人かの介護スタッフとすれ違ったが、皆一様に表情が暗い。私はスタッフに笑顔であいさつをするものの、誰も目を合わせてくれない。スタッフの表情の暗さが気になったが、自分が神経質になっているだけかもしれないと思い、あえてそのことを母には言わなかった。

結局、私が出産のために入院している間に、ばあちゃんは「コスモス」に入所した。母はばあちゃんの入所の手続きや準備で忙しかったため、なかなか赤ちゃんを見にきてくれなかった。私は1週間ほどで退院し、しばらくは家に閉じこもり、授乳で眠れない日々を過ごしていた。母は時々私の家にやってきては、「コスモス」の不満を漏らしていた。

「なんかなあ、見ているだけでばあちゃんがかわいそうやねん」

「どういう点が?」

「建物は小汚いしな、なんか、しらっとしてんねん」

母の説明は言葉足らずで、何度聞いてもどこが問題なのかがわからなかった。

「とにかく、見ててかわいそうやねん。茂も、かわいそうで見てられへんって」

茂兄さんは、ばあちゃんが病院から「コスモス」に移ってからも、毎日のように和歌山から様子を見にきてくれていた。私は「コスモス」がいったいどんな様子なのかを見にいきたくて家の中でうずうずしていた。

[レッスン]

高齢者の入所・居住施設の種類

公共型の施設サービス

介護保険が適用される主な施設サービスには、「介護老人保健施設」（老健）、「介護老人福祉施設」（特別養護老人ホーム・特養）、「介護医療院」（介護療養型医療施設）の3つがあります。

いずれも公共型サービスなので、初期費用は不要で、介護保険が適用されるため、概ね1割（2割）の自己負担で利用できます。

介護老人保健施設（老健）

介護老人保健施設（老健）は、病院での治療を終えた人が自宅復帰できるようにリハビリや療養を行う施設です。薬の処方も可能です。

医師、看護師、薬剤師、理学療法士、作業療法士などの専門職と介護スタッフがひとつのチームとなって利用者の自宅復帰を目指します。

老健は生涯入所する施設ではなく、3カ月を目途にリハビリ目的で一時的に入所する施設です。3カ月での自宅復帰が難しい場合は、期間の延長もできます。

なお、老健は要介護1～5が対象であり、介護度が要支援の人は入所することはできません。ただし、短期入所療養介護（ショートステイ）であれば、要支援の人でも利用可能です。

介護老人福祉施設（特別養護老人ホーム・特養）

介護老人福祉施設と介護医療院は、生涯の住まいとすることができます。

介護老人福祉施設は寝たきりなどの重度の介護にも対応できる生活介護施設です。介護老人福祉施設は、入所要件が要介護3以上と厳しく、地域によっては多くの待機者がいます。待機中は、老健への入所や、老健や特養のショートステイで代用している人も多いようです。

介護医療院

介護医療院は、療養型医療施設に代わって２０１８年４月より創設された施設です（療養型医療施設は２０１８年３月に廃止予定だったが２０２４年まで廃止を猶予）。

たんの吸引や経管栄養など重度の医療ケアに対応し、看取りやターミナルケアも行います。明るく家庭的な雰囲気を有し、地域に開かれた施設も多く、従来の閉鎖的な老人病院のイメージを払拭した新しい施設として位置付けられています。

ケアハウス

ケアハウスは比較的安い料金で日常生活の支援が受けられる施設です。ケアハウスは60歳以上の高齢者が食事や洗濯などの介護サービスが受けられる施設で、軽費老人ホームC型とも呼ばれます。助成制度が利用できるため、低所得者の費用負担が比較的軽い施設です。

ケアハウスは大きく分けて2種類あり、「一般（自立）型」では、主に自立状態ではあるが独居生活に不安のある高齢者を、「介護（特定施設）型」では主に軽度から重度の要介護状態の高齢者を受け入れています。

一般型ケアハウスでは、入居者が軽度の要介護状態になっても訪問介護や通所介護などの在宅サービスを利用して生活を続けることができます。ただし、自立状態ではないと見なされると、施設から退去を求められることもあります。一方、介護型ケアハウスは、重度の要介護状態になっても住み続けることが可能です。

介護医療院（介護療養型医療施設）	ケアハウス（自立型）	ケアハウス（介護型）
医療機能と生活機能を兼ね備えた長期療養・生活施設。ターミナルケア（終末期医療）、看取りも行う。	身寄りがないなどの諸事情で在宅介護が困難な人向け。食事や洗濯などの生活支援を提供。	自立型の内容に加え、入浴、排泄などの介護、通院介助を提供。介護度が低い人から高い人まで入ることができる。
要介護1～5。終身利用可。	自立もしくは要支援。要介護3以上になると退去。	要介護1以上。重度医療が必要になると退去。
手厚い医療ケアが受けられる。初期費用なし。	個室なのでプライバシーが保てる。レクリエーションが多彩。比較的費用が安い。	介護度が高くなっても住み続けられる。個室なのでプライバシーが保てる。レクリエーションが多彩。
レクリエーションなどが少ない。地域によっては待機者が多く入所までに時間がかかる場合もある。	医療ケアはあまり充実していない。年齢層が高い（60代は馴染みにくいことも）。施設数が少ないため、入所待ちが多い。	医療ケアはあまり充実していない。年齢層が高い（60代は馴染みにくいことも）。施設数が少ないため、入所待ちが多い。

公共型の施設サービス

	介護老人保健施設(老健)	介護老人福祉施設(特別養護老人ホーム・特養)
特　徴	要介護の高齢者に医療ケアとリハビリを提供し自宅復帰を目指す施設。病院と在宅介護の中間施設に相当。	中〜重度の要介護の高齢者が身体介護や生活支援を受けて居住する施設。
入居要件	要介護1〜5。 入居期間は原則3カ月。	要介護3〜5。 終身利用可。
メリット	自宅復帰を支援するための機能訓練が充実している。手厚い医療ケアが受けられる。初期費用なし。	入所期間が限定されない。民間施設に比べ、費用が抑えられる。初期費用なし。
デメリット	買い物、洗濯などの生活サービスが充実していない。入所期間が限定される(3カ月が目途)。	入所待機者が多く、数ヵ月〜数年以上待つ場合がある。医療ケアに対応できない。

民間型の施設サービス

公共型の施設サービスに対し、初期費用が必要となる（必要がない場合もある）民間型の施設サービスがあります。民間型の施設サービスは、公共型の施設サービスに空きがない場合に、経済的にゆとりのある人が選択するケースが多いようです。

介護付き有料老人ホームなど

要介護者向けの民間型の施設サービスは「介護付き有料老人ホーム」と「住宅型有料老人ホーム」があります。介護付き有料老人ホームは施設スタッフが介護サービスを提供します。住宅型有料老人ホームでは施設内での介護サービスの提供はないので、介護が必要な場合は訪問介護や通所介護などの外部の在宅介護サービスを利用することになります。

グループホーム

認知症の人を対象にした専門的ケアを提供する施設サービスとして、グループホーム（認知症対応型共同生活介護）があります。グループホームでは、ひとつの共同生活住居に少人数の利用者と介護スタッフが共同生活を送ります。家庭的な環境のもとで、利用者ができるだけ自立した生活を送ることができるように、食事、入浴、洗濯、調理等などの日常生活の支援や、本人の持っている力を活かせるような機能訓練などのサービスを提供します。

サービス付き高齢者向け住宅など

自立した高齢者向けは「サービス付き高齢者向け住宅」（サ高住）、「シニア向けマンション」などがあります。両者とも介護が必要な場合は外部の在宅サービスを利用します。

民間型の介護施設は公共型の介護施設よりも費用がかかる場合が多いので、資金計画は慎重に検討しましょう。介護度が高くなると退去になり、住み替えが発生する場合もあります。入居後に身体状態が変わっても長く住み続けられるかどうかは重要なポイントです。

サービス付き高齢者向け住宅（サ高住）	グループホーム（認知症対応型共同生活介護）	シニア向けマンション
高齢者向けのバリアフリー賃貸住宅。安否確認と生活相談のサービスを提供（介護サービスはなし）。	認知症の高齢者が少人数で共同生活を送りながら介護や機能訓練などを受ける。	高齢者向けの分譲・賃貸住宅。家事サービスやフィットネス設備やレクリエーションなどが充実。
自立から要介護まで対応（自立中心）。	要支援2、要介護1～5。	自立。
生活の自由度が高い。	少人数でアットホーム。認知症の専門職が常駐。	生活の自由度が高い。
介護が必要な場合は、外部の介護サービスを利用する。	心身の状態が悪化すると退去になる場合がある。	費用が高い。介護度が高くなると退去になる場合がある。

民間型の施設サービス

	介護付き有料老人ホーム	住宅型有料老人ホーム
特　徴	施設の介護スタッフによって介護が提供される。	介護付き有料老人ホームに似ているが、介護は外部の介護サービス事業者と別途契約が必要。
入居要件	自立から要介護まで対応（要介護中心）。	自立から要介護まで対応。
メリット	介護が24時間体制。レクリエーションなどが充実。	介護付き有料老人ホームよりも利用料が割安。レクリエーションや設備が充実。
デメリット	費用が高いところが多い。	介護度が高くなると退去になる場合がある。

陰鬱な館

赤ちゃんは生まれてから1カ月後には外出が可能となる。赤ちゃんがちょうど生後1カ月となった日に、私はベビーカーを押して「コスモス」へ向かった。

「コスモス」に到着し、正面玄関から入ると、受付には面会用の用紙と消毒液が置いてある。面会申込書に記入し、手を消毒し、「面会者」と記された紐付きの名札を取って首から下げる。

建物の3階から上の階が居住スペースだ。ばあちゃんは最上階の5階にいるとのこと。認知症の人は徘徊して行方不明になる可能性があるので、認知症の専門棟は上の階に配置されていることが多い。ばあちゃんはまだ重度の認知症ではないが、私が「認知症、認知症」と言いすぎたからか、重度の認知症として扱われるようになったようだ。

私はエレベーターへ向かって歩き出した。通路からは機能訓練室が見えた。理学療法士に支えられ、平行棒を使ってリハビリをしている高齢の男性が見える。エレベーターが開くと、眠たそうな男性スタッフが出てきて、会釈もせずに私たちの横をすり抜けていった。入れ替わりにエレベーターに乗り込むと、正面の鏡にはひびが入っており、鏡に映った私の顔は分裂していた。エレベーターの内装もあちこちが剥がれたり、へこんだりしている。ベビーカーが激突すれば、内装が崩れ落ちて、赤ちゃんに当たってしまうかもしれない。

エレベーターが上昇している間も、ギギッと変な音がなり、途中で止まるのではないかと不安になったが、チンと音が鳴り、なんとか5階に到着した。ほっとしながらエレベーターからベビーカーを押して出ると、そこには目を疑う光景があった。

そこはデイルームで、小さいテーブルがいくつもあり、多くの利用者がそれぞれのテーブルに座っていた。車椅子の人もいれば、椅子に座っている人もいる。なによりも驚いたのが、利用者の表情の暗さだ。全員が蝋人形のような顔つきで、にこりともせずに固まっていた。机をトントンとひらすら叩いている高齢者もいる。なにかを訴えているのだろうか。

そんなテーブルの周りを、これまた無表情の若いスタッフたちがそろそろと足音も立てずに行ったり来たりしている。若いのにどうしてこんなに元気がないのだろうか。スタッフの中に、細長い棒を持った長身の青年がいる。その棒はスクリーンを引っ張る棒なのだが、まるで死神の鎌のようで、この青年が死神のように見えた。青年の名札には「篠原」と書かれている。篠原は棒を壁に立てかけると、おやつを配り始めた。

私がベビーカーを押してデイルームに入っていくと、周囲から睨まれているような視線を感じる。車椅子に乗ったひとりの老婆がなにか言いたそうな様子で、私に手招きをしている。私はその老婆に恐る恐る近づいていった。両頬に紫のしみがあり、髪もうっすら紫だった。

「ふふふっ、ここは地獄の1丁目やから、はよ帰ったほうがいい」

老婆のか細い声は低く、震えていた。

「そうですか……」

私はちょっと寒気を覚えながら、デイルームを見まわし、ばあちゃんを探した。ばあちゃんは部屋の手前のエレベーターに近いところにいて、不機嫌そうにおやつを配る篠原を目で追っていた。私はベビーカーを押してばあちゃんのテーブルに近づいた。すると、篠原も近づいてきて、すっと黒いマグカップを差し出した。中には、真っ赤な毒々しいゼリーが入っていた。

「なんやこれ？　この気持ち悪い色は？」

「ざくろのゼリーです」

「こんなもん、気持ち悪い、いらん。もっとうまそうな大福とかくれたらええのに」

ばあちゃんからそんな言葉を投げかけられた篠原は、ゼリーを素早く盆に戻すと、すみやかに去っていった。

(そんなすぐにさげなくてもいいのに)

「あんなすぐに持っていかんでも。ユウが食べるのにな」

「いらん、いらん」

「わぁ、かわいい赤ちゃんやな」

ばあちゃんはベビーカーの中に目をやると、令人は満面の笑みを浮かべていた。

「ユウ、かわいい子やな。男か、女か」

「男や」

「かわいいな。名前はなんや?」

「令人や。れ・い・と」

「変な名前やなあ」

ずけずけと率直な物言いは昔から変わらない。

「で、誰の子を連れてるんや?」

「私の子や。よその子をわざわざ連れてこーへん」

大きいお腹を抱えて何度も病院に見舞いに行ったのに、覚えていないとは。

「初孫やな」

「初孫やったのは、私やろ？　それに初ひ孫でもないし。この子、ふたり目やけど」

ばあちゃんとたわいもない会話をしていると、またさきほどの老婆が手招きをした。

「あの人、また呼んではるから行ってくるわ」

再び老婆にそろりと近づいていくと、今度は先ほどよりも厳しい声を私に発した。

「あんた、もうほんまにはよう帰らんと、災いが降りかかる、災いが降りかかる」

「そうなんですか」

私は苦笑いを返すと、ばあちゃんのところに戻った。

「ばあちゃん、あの人怒ってはるから、もう帰るわ」

「災いが降りかかる、災いが降りかかる」

老婆の声が怒鳴るように大きくなっていく。私はベビーカーをターンさせ、追い立てられるようにエレベーターへ向かった。

「災いが降りかかる、早く帰れ」

その様子をスタッフはおやつを収納してあるカウンターのほうから、じっと眺めていて、ニコリともしない。

私はエレベーターに乗り込もうと下行きのボタンを押すも、エレベーターの扉が開かない。認知症の人が外に出て徘徊しないように扉に鍵がかかっていたのだ。篠原がすっと後ろからやってきて、エレベーターの鍵を開けた。そして、にやりと笑った。その笑った顔が何とも薄気味悪い。

エレベーターにそそくさと乗り込み1階のボタンを押すが、ギーっと音がするだけでなかなか動き出さない。しばらくして、ようやく扉が閉まり、エレベーターは動き出した。しかし、上りのときよりゆっくりである。たった5階から1階までの距離が、ものすごく長く感じた。

自宅に戻ると、ちょうど母が自転車で来たところで、大量の巨峰を持っていた。

「これ、茂から」

「ありがとう」

私は、さっき見てきた「コスモス」の様子について、早く母に伝えたくて、巨峰を受け取るや否や口を開いた。

「今、コスモスに行ってきたんやけど。お母さんの言っている意味がよくわかったわ」

「そう、なんかあかんねんけど、言葉では言い表されへんやろ」

「百聞は一見にしかずやね。そんで、すごい怖い思いしたわ」

［レッスン］

介護施設を選ぶ際のポイントと注意点

1 本人や家族の意志を尊重してくれるか

介護施設を選ぶ際、サービスが画一的ではなく、一人ひとりに合ったサービスを提供してくれるか、その人らしく過ごせるかがもっとも重要です。認知症だからといって本人の意志を軽視するような施設は選んではいけません。

介護の現場では、本人の意志よりも介護の効率性や利便性が優先されることがあります。例えば、食事の際、一度に大量の食事を食べさせて、食事の手間を減らそうとするケースがあります。施設によっては全量摂取を強要するところもあります。このようなことは在宅サービスでも見られます。日本は諸外国に比べ、本人の意志を尊重しない傾向があります。本人や家族に説明や意志確認をせず、物事を進めてしまう事業所や施設は避けましょう。

施設の方針やケアの方法、評判などはケアマネジャーに必ず確認しましょう。

2 居住スペースを確認する

居住スペースが清潔で整頓されているか、異臭が漂っていないかを確認しておきましょう。少なくとも、ベッド周りのゴミや汚れ、臭いは確認してください。祖母の場合は、インフルエンザが流行していたため、居住スペースの見学ができませんでしたが、ベッドの周りやトイレは確認しておくべきでした。

3 施設が合っているかどうかは体調に現れる

施設の雰囲気やケアの方法が合っていないと体調を崩しやすくなります。認知症の人は感受性が高くデリケートです。「この施設とは合わない」と言葉では伝えられなくても、体調には顕著に現れます。新しい環境に慣れるのには、誰しも時間がかかるものですが、ある程度時間がたっても慣れず、心身の不調が続いたり、認知症の周辺症状（徘徊、暴言など）が悪化したりする場合は、施設と合っていないと判断して、別の施設に切り替えましょう。

4 スタッフの様子を見ておく

見学時に案内係のスタッフの愛想がいいのは当たり前です。見学時には、実際の現場で介護をしている他のスタッフの様子を見ておきましょう。祖母の場合も案内してくれたスタッフは感じのいい人でしたが、他のスタッフは挨拶も笑顔もありませんでした。施設サービスは生活の場なので、毎日を暗い雰囲気の中で過ごすのは避けたいものです。施設サービスは地域によっては数が少ないので、身近なところを選びがちですが、入所してから後悔しないためにも、複数の施設を見学しておきましょう。

5 退職者数などを確認する

ケアマネジャーや近隣の人たちから施設の評判を聞くことができればよいのですが、なかなか情報が得られない場合も多いと思います。そのような場合に参考になるのが、厚生労働省の「介護サービス情報公表システム」です。

介護サービス情報公表システムでは、施設の設備や利用者の情報、スタッフの経験年数や退職者数などのデータを見ることができます。退職者が多い施設は、労働環境に問題がある可能性があり、サービスの質もよくない傾向があります。

また、介護サービス情報公表システムでは、施設サービスに限らず、有料老人ホーム、通所サービスについても検索することができます。特に有料老人ホームのような生涯居住する施設については入念に下調べをしておきたいですね。

※介護サービス情報公表システム http://www.kaigokensaku.mhlw.go.jp/

6 リハビリやレクリエーションの種類は豊富か

リハビリやレクリエーションの種類を確認しましょう。大勢で実施する集団レクリエーションだけでなく、個人や少人数で取り組む個別レクリエーションも充実していると利用者の細かいニーズに応じることができます。植物のお世話が好きな人には花の水やりを頼んだり、料理が好きな人には食事のレクリエーションで中心的な役割を担ってもらったりと、本人に合ったレクリエーションを提供してくれる施設が好ましいです。

2020年の新型コロナウイルスの流行をきっかけに、介護スタッフと利用者、利用者同士の接触について、より一層の配慮が必要な時代へと突入しました。とくに人との接触が多いレクリエーションは、感染症流行時には、種類や時間が制限されることがあります。このような状況下でも、利用者の筋力や日常生活動作レベルが低下しないように、適度にレクリエーションを実施しているかどうかも、施設選びの指標となるでしょう。

カルタでひと騒動

「コスモス」は面会に行く気も失せるような陰鬱な雰囲気ではあったが、それでも時間があるときはなるべく足を運ぶようにしていた。

ある日の昼下がり、私はまた令人とともにばあちゃんの面会に行った。ちょうどデイルームでのレクリエーションの時間だった。ばあちゃんを含めた利用者は、グループに分けられ、いくつかのテーブルに座らされていた。全員、顔はうつむき加減だった。

長身の篠原がいつものように無言で淡々とカルタを配っている。まるで恐怖の儀式が始まるかのようだった。カルタを配り終えたところで、やる気のなさそうな若い女性スタッフがマイクを手に語りはじめた。

「今から、ことわざカルタをします」

「ことわざの内容と一致する絵柄のカルタを見つけたら、『はい』って取ってくださいね。わかりましたか？」

「返事は？」

年配の人に向かって上から目線の感じだ。高齢者の尊厳について学んだことはないのだろうか。

「はーい」

利用者は低いトーンで返事をする。そんな中、ばあちゃんの目の色は変わっていた。本気の理由はわかっている。賞品を狙っているのだ。デイサービスでも、靴下をもらっただの、飴玉をもらっただのと、いつも喜んでいるのだ。昔のばあちゃんならそこまで本気にならなかった気もするが、今ではそういったことに驚くほど真剣なのである。

「では行きます。犬も歩けば棒に当たる」

単調な読み方で面白みがない。その瞬間、ばあちゃんのしわが刻まれた手が正面に向かって伸びた。

「はーい」

パーンと音がし、カルタがテーブルから滑り落ちた。黒髪をひとつに束ねた暗い表情の女性スタッフがカルタを拾い、そっとばあちゃんに手渡す。白い犬が棒にぶつかり、ギャンと鳴いている絵柄だった。

ばあちゃんはそのカルタの絵柄を見て、満足そうな表情をする。

「次行きます、頭隠して尻隠さず」

「はーい」

またもやばあちゃんの手が右端に伸びる。他の利用者を見ると、遠くを眺めている人、下を向いている人など、カルタに参加していない人も多い。

「くさいものにふた」

ばあちゃんの手は微動だにしない。ばあちゃんが座っているテーブルには、そのカルタはなかった。他のテーブルにあるはずだが、誰も反応せず静まりかえっている。

「次、猿も木から落ちる」

「はい」

またも、ばあちゃんは空気を読まず、カルタを取ってしまう。ばあちゃんはにんまりと笑っている。明らかに場の雰囲気がおかしくなっていた。カルタのレクリエーションはどう見ても内容が認知症の人には合っていなかった。私は、ばあちゃんがひとり勝ちしているこのカルタをなんとかしなくてはとはらはらしていた。私はばあちゃんに耳打ちした。

「ちょっと手加減しないと」

「なんで手加減しなあかんの」

ばあちゃんは納得できないというまなざしを私に向ける。

「ひとり勝ちはあかんって」

耳打ちしていた私を誰かが突き飛ばした。見上げると、寡黙そうな男性が仁王立ちしている。確か、星川さんと呼ばれていた気がする。

「なんであんたばっかり取るんや。取りすぎや」

真剣に怒っている様子だ。ばあちゃんもむっとした様子で言い返す。

「私はなんも悪うない、頭がいいだけや。私は、頭がいいんや」

(そんなに頭はよくないと思うけど)

その言葉を聞くや否や、星川さんは、ばあちゃんの左の頬を平手打ちした。

ばあちゃんは、よろけて倒れそうになったが、体勢を整え、殴り返そうとした。

「おとなしくしろ」

すぐにスタッフが寄ってきて、星川さんを力づくで取り押さえようとする。しかし、その行為が星川さんを余計に興奮させてしまう。星川さんはじたばたと暴れて、若いスタッフを振りほどく。やる気のない若者よりも、本気の星川さんのほうが強かった。星川さんはホワイトボードに引っかけられていたスクリーンを操作する棒をつかむと、大声を上げながら窓ガラスのほうに向かった。

「うぉー」

バリン、バリンとものすごい音がした。なんと、星川さんが窓ガラスを次々と割りはじめたのだ。

「助けてー、助けてー」

静かだった利用者が一斉に叫びだし、パニックになった。星川さんはデイルームの窓を次々と割ったあと、廊下を走り去っていった。その星川さんを篠原が先頭に立ってスタッフが懸命に追いかける。しばらくすると、警備員と医師が現れた。ばあちゃんは私を見上げてつぶやいた。

「ユウの言う通り、手加減すればよかった」

「そうやでえ。やっぱり星川さんを怒らせてしまったやん。でも、ばあちゃんは一生懸命やっただけなんやから、しょうがないよ」

私はテーブルから落ちてしまったカルタを拾いながら言い返す。事態は収束したのか、スタッフがデイルームに戻ってきた。

「では気を取り直して続きをやりましょうか」

篠原は何事もなかったかのように、新しいことわざを読みはじめた。ばあちゃんの手がまたすっとカルタに伸びた。

[レッスン]

レクリエーション

介護施設では必ずと言っていいほどレクリエーションの時間があります。レクリエーションと聞くと、歌やダンスなど楽しく遊ぶイメージが浮かびますが、じつはレクリエーションは、楽しむことに加えて、心身の機能の維持・改善を目的とするリハビリ効果もあります。

レクリエーションは認知症の非薬物療法のひとつで、身体機能を改善させるだけでなく、精神面を安定させて認知症の行動障害を低減する効果もあります。認知症の進行を抑制したり、昼夜逆転を予防したりする効果も期待できます。

レクリエーションは利用者が興味を持って楽しめることが重要で、内容が利用者のレベルに合っていないと、十分な効果が得られません。例えば、昔の歌謡曲などを使う場合は、世代を考慮することが重要です。高齢者といっても、70歳と90歳では親子ほどの年の差があり、当然、馴染みのある曲も異なります。

レクリエーションのように楽しみながら心身の機能を活性化させる活動を専門

用語で「アクティビティケア」と言い、「当たり前の日常生活に近づけるすべての援助行為」と定義されています。アクティビティケアには、散歩やダンスなどの運動、音楽活動、芸術活動のような趣味的な活動、料理などの日常生活活動、さらにはフットケアなどのリラクゼーションまでさまざまな種類があります。

レクリエーションの種類

集団レクリエーション

集団で行うレクリエーションを「集団レクリエーション」と言います。グループでの運動、演奏、歌唱、料理などを通じて、普段はあまり交流のない人同士でも自然と交流する機会が得られ、コミュニケーションが活発になります。

個別レクリエーション

スタッフと1対1で行うレクリエーションを「個別レクリエーション」と言います。認知症の人や要介護度が高い人などは、集団レクリエーションにうまく参加できない場合もあります。個別レクリエーションならば、個々の能力に応じたレクリエーションが選べます。囲碁、オセロ、塗り絵、折り紙など、本人の趣味や得意だったことをレクリエーションの材料にします。

レクリエーションの事例

作業、芸術、学習活動

- 演奏、合唱
- 工作、折り紙
- 絵画、塗り絵
- 書道、短歌、俳句
- 料理
- クロスワードパズル、ドリル

課外活動

- 花見、紅葉観賞
- 草花採取、落ち葉拾い
- 音楽・演劇鑑賞
- 買い物

運動

- 体操
- 道具を使用する運動（ボーリング、風船バレー）
- 運動会（玉入れ、玉転がし、雪合戦）

清潔、おしゃれ

- 整容、化粧
- 入浴、足浴
- フットケア
- ネイルケア

※足浴などは音楽を聴きながらやると、より楽しく取り組め、高いリラクゼーション効果が得られるでしょう。

［レッスン］

認知症ケアの変遷と未来

旧態依然とした社会

本来、認知症という理由で身体拘束が行われたり、入院時に家族の24時間付き添いを余儀なくされたり、手術を断られたりすることはあってはならないことです。しかし実際には、このような対応をする病院や施設はまだ多く残っています。認知症に関する一般的な教育が始まったのは近年のことであり、専門職でもまだ知識が不足している部分があります。これからは、古い仕組みに認知症の人やその家族をはめ込むのではなく、認知症の人の行動や権利が制限されない環境、また家族も仕事を続けながら介護ができる仕組みを新しく構築することが求められます。

認知症の人の人権を尊重する

従来、「認知症の人は問題を起こす人」という認識があり、問題対処型のケアや身体介護が重視されていました。特に日本では介護される高齢者の人権について諸外国に比べ軽視される傾向があり、認知症があるとなおさらその傾向は強くなります。この傾向は今でも根強く残っており、認知症の人に対する不当な扱いは至る所でみられます。

これからは認知症の人の人権を尊重する時代となります。本人の声に耳を傾け、本人がやりたいこと、必要としていることを提供することが望まれます。認知症の人が社会の中で自分らしく生きることができる環境を皆で作っていく必要があります。

地域の人々も専門職も力を合わせて

厚生労働省は認知症施策のひとつとして「認知症サポーターキャラバン」を実施しています。認知症サポーターキャラバンとは医療・介護の専門職のみならず、一般市民、学生、小売店、金融機関などさまざまな人々を対象として、認知症の人や家族を支援する「認知症サポーター」を養成することを目的としています。しかし、まだ一部の有志が中心であり、大きな広がりとはなっていません。これから認知症の人はますます増えていきます。家族だけでなく、地域の人々も専門職もひとつになって、認知症の人を支援していく機運をさらに高めていく必要があります。

これからの認知症ケア

［これまでの認知症ケア］	［これからの認知症ケア］
物事を理解できないので、周りの人が決めてあげる。	選択肢を本人が理解できるように簡素化し、本人に決めてもらう。できない部分のみ助ける。
動くと危ないから、縛る、外に出さない。	安全に配慮しながらも、本人の自由や意志を尊重し、行動を支援する。
状況判断ができないから、環境に配慮しなくてもよい。	家庭内外で居心地がよく、のびのびと過ごせるような住環境を整え、家族や地域住民で見守る。
問題のある行動は認知症が原因なので薬で抑える。	暴言、暴行等の周辺症状は質の良いケアをすれば予防することができる。
排泄の失敗が多くなるのは仕方がない。	便秘や下痢などで不快感が起こらないよう体調を管理し、トイレへの誘導や見守りをする。
身だしなみは、整えなくてよい。	清潔が保持できるよう支援し、趣味にあった衣服や小物などを選んであげて、おしゃれを楽しむ。
介護者が一人で抱え込み、追い込まれる。	適切な介護サービスを利用し、専門職、地域住民で支える。認知症の人も役割を持ち、地域で活躍できるよう支える。

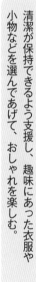

第3章

新しい老健でも大騒動

新しい老健に入所

母と茂兄さんは、ばあちゃんが入所している老健「コスモス」がまったく気に入らなかった。私も同意見だった。ばあちゃんの老健への入所を安易に考えていたようだ。

「見てるだけで、ホンマかわいそうになってくるねん」

母も茂兄さんも口を揃えて言った。

「リハビリするとか言って、ほんのちょっとやって、あとはほったらかしや」

茂兄さんの口調も強くなる。

「それに、なんか陰気やねん」

確かに私も「コスモス」に行くと暗く寂しい気持ちになる。なにせスタッフが死神に見えるほどである。

結局、入所して1カ月もしないうちに退所を決めてしまった。入所後すぐの退所申し出に「コスモス」側はかなり驚いた様子だった。退所理由を聞かれたときに、母は非難めいたことは言わず「(ばあちゃんが)帰りたがっているから」とだけ言ったそうだ。

早速、私たちはばあちゃんの次の入所先を検討することにした。

検討を始めてから数日後、幸運なことに評判のよい施設が見つかり、退所の申し出から10日もしないうちに、ばあちゃんは「コスモス」を正式に退所した。

ばあちゃんは数日間、自宅で過ごし、それから新しい老健に入所することになった。自宅に帰ってきたばあちゃんに会うために、令人とともに出向いた。

「ばあちゃん、次に行く施設はもっとええ施設やからな」

「また、行くんか。もうばあちゃんは行きとうない」

ばあちゃんを自宅で生活させてあげたかったが、まだひとり暮らしをさせるには不安だった。

「ばあちゃん、もうちょっとリハビリをしてから帰ってきたほうが、みんな安心やから。元気にはなってきたけど、まだ、もとには戻ってないやろ？」

「ふん、ばあちゃんは、しっかりしてるよ。どうせまた、姥捨山《うばすてやま》みたいなところに連れていくんやろう？」

正攻法では説得できないと気づき、話題を変えた。

「ばあちゃん、次に行くとこはな、酒飲んでええトコやねん」

「酒飲んでええんか」ばあちゃんの瞳が輝いた。

「どれぐらい飲んでええんや」

「いくらでもって言ってはったで」

「飲み放題か？」

「あっ、でも酒は自分で持っていかなあかんで」

私は半笑いで答えた。

「酒はある」

ばあちゃんは台所の隅をちらっと見た。いつ漬けたのかわからない薄オレンジになったレモン酒のペットボトルがいまだ埃をかぶって並んでいた。

「あかん、そんな年代物持っていったら。お腹こわしてもしらんで」

いくら言っても聞かないに違いなかった。


ばあちゃんが新しい老健へ入所する日がきた。新しい老健は「そよ風」という。「そよ風」には私のワゴン車で行くことになった。ワゴン車は車高が高いので、ばあちゃんを持ち上げて乗せなければならない。

「こんな面倒くさい車を買いおって」

「まず、足をここに置いて」

ばあちゃんの悪態を無視して指示を出す。

「いち、にの、さーん」

母とともに勢いをつけてばあちゃんを持ち上げる。ばあちゃんは足腰の筋力もかなり回復しており、ばあちゃんの体は楽々と車の中に収まった。

「あっ、レモン酒忘れとる」

（気づいたか）

思い出さなくてもいいのにと思いながら、母と顔を見合わせる。母がとりあえずレモン酒を1本だけ持ってくる。

「そんなんじゃ、すぐなくなってしまう。うちの家系は酒を絶やしたらいかんのじゃ」

「はいはい」

結局、1・5リットルのペットボトルに入ったレモン酒を5本も詰め込んだ。すべてオレンジがかった年代物だ。

「そよ風」は車で20分程走ったところにあり、行く途中で大手電機メーカーの前を通る。

そこにはたくさんの桜の木が植えられた公園がある。

「ここの桜をじいちゃんがきれいやと言っとった」

「そうやなぁ、そう言っとったなぁ」

「そよ風」に到着すると、ばあちゃんは建物を見上げながら言った。

「ここは、きれいなところやな」

玄関の周りには小さな花々が色彩豊かに植えられており、ばあちゃんは足取りも軽く中に入っていった。「そよ風」は4階建てで、建物の中は明るく、掃除も行き届いており、清潔感にあふれていた。

面談室でスタッフから説明を受けたあと、最上階にある認知症専門棟に案内された。ばあちゃんの認知症は中等度なので、介護ステーションからは遠い部屋になった。

「いい部屋やなぁ」

部屋は6人部屋で真ん中の通路を挟んで左右に3台のベッドが配置されている。入り口から見て、右奥がばあちゃんのベッド、右中央は空きベッド、、右手前は橋爪さんとなっている。左側の奥は本城さん、左中央は菅原さん、左手前は越島さん。

右手前の橋爪さんは上品な印象の女性だ。部屋には橋爪さんしかいなかった。

「橋爪と申します。よろしくお願いいたします」

見た感じはしっかりしているが、やはり認知症なのだろうか。

「こちらこそ、よろしくお願いします」

ばあちゃんが得意の社交的な笑みを浮かべる。

ばあちゃんのベッドは、部屋の奥の窓側のベッドとなり、外の景色が見えると喜んだ。窓からはもみじの木が見える。

夕方になると全員が戻ってきた。もうすぐ夕食なのでそわそわしている。施設では食事がなによりの楽しみだ。母は先に帰ってしまったが、私は夕食まで残ることにした。

「レモン酒や、レモン酒」

まだ夕食前なのに、酒をせがむばあちゃんに根負けして、酒をついであげた。今日はすすり泣きはせず、上機嫌だ。施設がきれいで、同室の人たちも愛想がよく、雰囲気もいいからだろうか。

ばあちゃんに酔いがまわった頃、施設長が訪れた。優しく落ち着いた雰囲気の医師だ。

「初めまして、施設長の徳田です」

「あ〜、先生ですか。後本です。よろしくお願いいたします」

施設長の訪問にもかかわらず、ばあちゃんは緊張している様子もない。

「後本さんは、出身はどちらですか」

「富山です。20代なかばぐらいで田島町の親戚を頼って大阪に出てきました」

「生野の田島ね」と徳田先生。どうやら地元の歴史に詳しいようで、ばあちゃんと話がどんどん盛り上がった。

話もたけなわになった頃、ばあちゃんが先生に酒を勧めた。

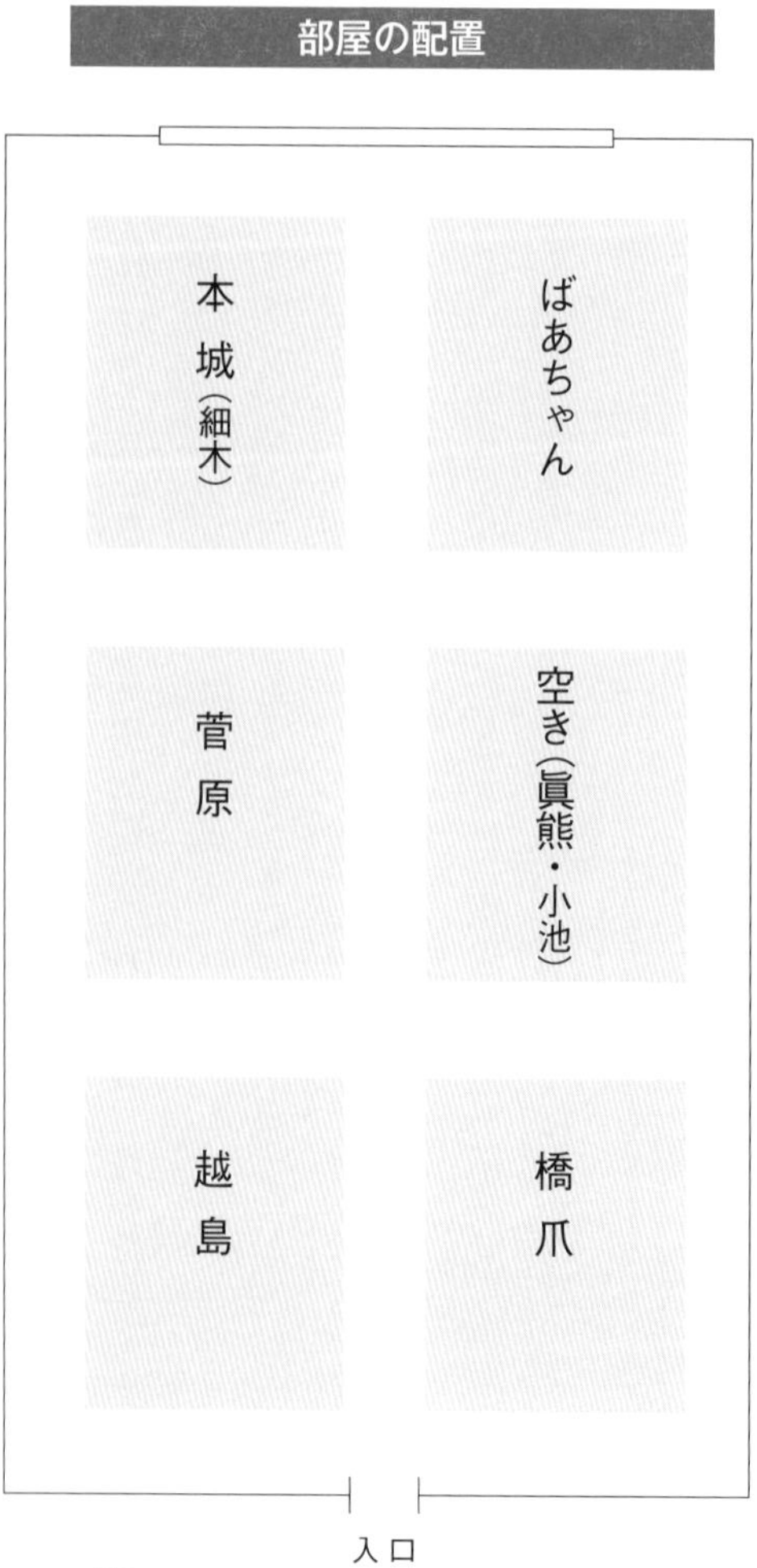

すれ違う思い

ばあちゃんと同室の人たちはみんな、わりとしっかりしていることがわかってきた。この部屋は、下の階にある軽度の認知症者用の部屋に入れなかった人たちで、ばあちゃんと同じ年齢の人もいるようだ。同じ年齢の人が近くにいることに、ばあちゃんはかなり気分をよくしていた。

ある日、ばあちゃんのリハビリに付き添ったあと、車椅子を押して部屋に戻ると、橋爪さんがベッドの横に座り、むせび泣きをしていた。

「うっうっ」

「どうしたんですか」

ばあちゃんも私も声を合わせてたずねた。

「嫁が、嫁が」

「嫁からきついことでも言われたか?」

ばあちゃんが顔をのぞき込むようにしてたずねる。

橋爪さんは首を横に振る。

「嫁が、嫁が、私がすぐそこのデイルームにおったのに、声もかけずに、洗濯物だけ持って帰ってしもて」

橋爪さんの嗚咽《おえつ》は止まらない。

「嫁と会って話したかったのに」

橋爪さんは空になった洗濯カゴを見つめる。

橋爪さんには息子が4人いて、次男夫婦が近くに住んでおり、お嫁さんが洗濯物を週に2回ほど取りにくる。次男はめったに面会には来ないので、お嫁さんと会えるのを楽しみにしているとのことだった。

「きっと、お嫁さんはデイルームにいるのに気がつかなかったんですね」

「いやぁ、気づかない振りをして、帰ったのかもしれない」

橋爪さんになんと声をかけてよいかわからなかった。

「忙しかったんやろう?」

ばあちゃんは車椅子に乗ったまま、橋爪さんの肩にそっと手をおいた。

「そうじゃ、忙しいんじゃ。なんか民生児童委員とかいうのをやっとってな、毎日走りまわっとる」

「そうなんですか、立派な活動をされているのですね」

「そんな活動の話を聞くのが、楽しみで」

橋爪さんが少し落ち着いてきた。

「地域の子どものためにな、走りまわっとる。保健師さんに引き継いだりな。すごくいい話が聞けるんじゃ」

「そうなんですか。それは、楽しみですね」

橋爪さんは、私に微笑みを返した。

「後本さんは、息子さんや、娘さん、お孫さんまで来てくれるからええなぁ」

「この人らは暇なんです」

橋爪さんに気を遣ってなのか、本心なのか、ばあちゃんはそう言った。私は少しムカッときたが、橋爪さんの手前、押し黙った。


別のある日、橋爪さんのお嫁さんがまた、洗濯物だけ持って帰ろうとしているところを私は目撃した。肩にかけているショルダーバッグには、子ども虐待防止のオレンジリボンのピンバッジがついている。

「橋爪さん」

お嫁さんは、洗濯物を抱えたまま振り向いた。

「あのぉ、余計なことかもしれませんが、この前、お姿さんが、お嫁さんに会いたかったって、ずっと泣いていて」

おせっかいな私は黙っていられなかった。

「えっ、私に会いたかったって？」

お嫁さんはかなり驚いた様子だ。

「そうなんですよ。お嫁さんの話を聞くのが楽しみだそうで」

「そんなこと言ってました？　嫁となんて、そんなに話したくないかなって思ってたんですよ。じゃあ、もうちょっと待ってようかな」

「そろそろ、うちのばあちゃんと一緒にお風呂から帰ってくる頃ですよ」

私は腕時計をちらりと見ながら答えた。

お嫁さんのバッグのオレンジリボンのピンバッジを見てふと思いついた。そういえば、認知症のシンボルカラーもオレンジで、国の認知症の施策も「オレンジプラン」という。子どものケアと認知症のケアには共通するところがありそうだ。そんなことを考えているうちに、ばあちゃんと橋爪さんは帰ってきた。

「ええ湯やった〜」

ふたりで楽しそうに帰ってきた。橋爪さんはお風呂は気が進まないと言っていたのに、なんだかばあちゃんに感化された様子だ。橋爪さんは、丸椅子に座っているお嫁さんを見て、満面の笑みを浮かべた。

「待っとってくれたん?」

わかりにくい介護サービス

ばあちゃんの部屋の入口の左手前の人は越島さんと言い、毎日、娘さんがお見舞いに来ていた。娘さんは里恵《さとえ》さんというらしい。

越島さんはレビー小体型認知症の疑いがあるようで、病院では幻覚が見えて大変だったそうだ。里恵さんはレビー小体型認知症のことをよく勉強していて、幻覚が見えないようにベッドの周りに余計なものを置かないように気を遣っていた。やや殺風景に見えるほど、ベッドの周りはいつもきれいに片づいていた。

いつものように昼食に合わせて、里恵さんが介助に来ていた。昼食を終えて、里恵さんが食器を片づけて帰ってきたときのことだった。

「里恵!」

「るり子姉さん」

「もう、どうして、勝手にお母さんをこんなところに入れたのよ」

里恵さんの姉は、るり子さんというらしい。るり子さんはすごい剣幕で容赦なく言い放った。

「こんな急に老健に入れて、お母さんがかわいそうじゃない」

里恵さんは、黙ったまま下を向いた。

「老健に入れるのは早すぎるわよ。私、もうそこのカウンターで出るって言ってきたわ」

どうやら、るり子さんは気が短いようだ。口を開こうとした里恵さんを遮るようにるり子さんは話を続ける。

「私はショートステイまではいいと思うのよ。ショートステイはデイサービスに行って、ついでに泊まってくるやつでしょう？　でも、老健ってずっと入りっぱなしなんでしょ。いきなり老健に入所させるのは、ちょっとかわいそうすぎるわよ」

毎日面会に来ている里恵さんを思い、私は拳を握りしめながら聞いていた。どうやら、るり子さんは老健が一時的に入所する施設だとわかっていないらしい。

「お言葉ですが、老健は一時的に入る施設ですよ。ショートステイと目的は違いますが、家にまた帰るという点では同じですよ」

おせっかいとわかっていつつも、私は口を開いた。

「ええっ、そうなの？」

「そうよ。姉さんに相談もせずに、そんなことしないわよ」

里恵さんのけなげな声が静かに響く。

「やだぁ、私、早合点して、出るって言ってきちゃったわよ」

「ええっ？」

私と里恵さんは、開いた口が塞がらなかった。

そこへ、きりっとした厚化粧の女性が入ってきた。看護師のトップである看護師長だ。

「お話をちょっと聞かせていただきましたわ」

母親を退所させると言っていたるり子さんは、どぎまぎしはじめた。まずい展開に私も身が縮む思いだった。きっと、看護師長はこの施設がどんなにいいところなのか、説き伏せようとするに違いない。

看護師長が口を開いた。

「私は認知症になって、ウンコまみれになっても、家にいるつもりです」

「ええっ？」

私たちは耳を疑った。介護施設の看護師長が在宅を勧める発言をしてもいいのか。

「もちろん、ウンコまみれになる前に施設に入れたほうがいいという人が多いと思いますがね」

確かにそちらのほうが、人間らしい生活を営めそうだ。

「でも、私は、ウンコまみれを選びます」

頑なに在宅を主張する看護師長に理由を聞いてみたかったが、なんだか怖くて聞けなかった。

[レッスン]
介護の負担がもっとも大きい人の意見を優先させる

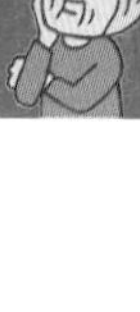

介護について家族や親せきの間で十分な話し合いができていないと、大事なことを決めるときに意見が対立して揉めることがあります。また、介護にあまりかかわっていない人が急に横から口を挟んで介護の現場をかきまわすこともあります。
優先されるべきは、介護される本人の意見、そしてもっとも介護にかかわってい

る人の意見です。時間的、地理的な都合であまり介護にかかわることができない人でも、介護者とケアマネジャー、介護サービス事業者とで実施される「ケア会議」には参加するようにしましょう。ケア会議は、介護の方向性について重要な決断をする場です。

[レッスン]

まずは在宅介護を考えてみる

1 在宅介護か施設介護か

育児では親の価値観が問われますが、介護では子の価値観が問われます。介護保険制度や介護サービスの内容を理解するだけでも大変ですが、それに加えて自分の介護に関する価値観も築いていかなければなりません。

在宅介護か施設介護か、どちらを選択するかはとても大きな決断です。近年は入院期間が短くなり、治療や処置を自宅や外来通院で行わなければならないケースが増えています。しかし、家族が在宅で介護するための退院指導を受ける機会が少なくなったり、介護の相談先がわからなかったりと、在宅介護を支援する力が弱くなっており、安易に施設サービスを選択する傾向があります。もし、在宅介護か施設介護かを悩んだら、まずは在宅介護を選択することをお勧めします。地域包括支援センターや居宅介護支援事業所に出向き、利用できる介護保険内外のサービスについて調べてみましょう。最初は介護に関する専門的な知識がなくても問題ありません。介護は家事の延長線上にあります。介護サービスを利用し、周りから助言と支援を受けながら在宅介護に取り組めば、それほど難しいものではありません。

2 被介護者の状態によって必要な介護は変わる

ただし、被介護者の心身の状態によって必要な介護も変わってきます。軽度のうちは在宅介護が可能でも、重度になってくると在宅での介護が難しくなる場合もあります。特に認知症の場合は、病状が進行し、重度になってくると家族では手に負えなくなる場合があります。どの段階で施設介護を利用するかは、介護する側のマンパワーや介護の力量によって異なり、専門職でも難しい判断となります。無理に在宅で頑張るより、施設介護に切り替えたほうが、本人にとっても家族にとっても良い結果になることもあります。たとえ、施設に入所してもらうことになったとしても、それは被介護者を見離すことではありません。きちんと面会に行けばいいのです。選択すべき介護サービスは状況に応じて変わり、家族はこのような過程を経験していく中で、介護に関する価値観を形成していきます。

3 どこまで介護サービスを活用するか

2000年に介護保険制度が施行されてから、介護サービスの利用率は徐々に上がっています。しかしながら、利用されるサービスにはばらつきがあるようです。

デイサービスは利用するが、ショートステイ（短期入所生活介護）で泊まらせるのはかわいそうだと考える人は多いようです。私の母もショートステイの利用はためらっており、なかなかショートステイを利用できずにいます。したがって、旅行に行くときも必ず祖母を連れていきます。私は母の気分転換のために、たまには祖母をショートステイに預けて、祖母なしで旅行に行ってもよいのではないかと考えており、母の背中を押し続けた結果、お泊りデイサービスを利用するようになりました。

お泊りデイサービスは、デイサービスに介護保険外の自費のお泊りがついたサービスです。お泊りデイサービスはデイサービスと場所が同じで、レクリエーションがあります。一方、ショートステイにはレクリエーション時間が少ないところもあります。レクリエーション時間が少ないと、活動量が落ちて、心身の機能が低下してしまう恐れがあります。レクリエーション時間が少ないという理由でショートステイを利用しない人もいます。お泊りデイサービスは、デイサービスのレクリエーションに参加できるので、心身の機能低下を防ぐことができます。介護者の母も介護を休むことができるので重宝しています。

4 介護サービスは相談しながら選ぶ

介護者に大きな負担がかかっていると、介護者は目の前の介護に手一杯で、介護サービスの変更や追加を考える余裕がなくなります。介護者に余裕がないと感じたときは、介護者以外の家族やケアマネジャーが、介護サービスの見直しを提案してあげる必要があります。

ただし、介護サービスを見直す際、単に介護の負担が減ればいいと考えて、安易に介護サービスを上限まで増やしたり、施設に預けたりすることはお勧めできません。本人が望んでいない介護サービスや自立を損ねるようなサービスを無理やり利用してしまうと、後々後悔することになります。介護サービスを選ぶ際には、本人の意志を尊重することがもっとも重要です。しかし、本人が認知症の場合、適切な判断ができない可能性があります。そのような場合には、家族が本人の性格や生活歴を考慮して、本人にとって最適なサービスを検討することになります。その際、担当ケアマネジャーのみならず、保健師、社会福祉士、主任ケアマネジャー、看護師、医師など幅広い職種に相談することをお勧めします。

また、医療的ケアについては家族だけで決めるのは難しい場合があります。特に終末期医療においては主治医や看護師とよく相談しましょう。本人が健康なときに、リビングウィルや事前指示書を作成したり、成年後見制度を利用したりすることで、意志を伝えておくことができます。

一触即発

「そよ風」では昼食はデイルームで全員でとることになっている。配膳時、介護スタッフが利用者のカップにお茶を注いでまわる。静かなデイルームに、お茶を注ぐ音だけが響きわたる。お酢の香りがふんわりと部屋中に漂っている。今日は色鮮やかなエビのちらし寿司だ。

本来ならば、全員の配膳が完了してから一斉に食事を始めることになっているのだが、ばあちゃんはもう箸をつかんでいる。ばあちゃんは、自分の食事に一瞬目をやり、それから目をギョロリと左右に動かし、鋭く周りの様子をうかがう。昨日の昼食時、ばあちゃんは右隣りに座る小池さんに饅頭を取られたため、神経が過敏になっているのだ。小池さんは小柄で細身の気丈な女性。頻繁に訪ねてくる甥を息子だと思いこんでいる。糖尿病を患っていて常に空腹感を感じているのか、時々他人の食事にも手を出してしまう。ばあちゃんの箸をつかむ手には「もう絶対に取られまい」という強い意志が込められている。

今日、ばあちゃんが座っている席は本来、気弱な橋爪さんの席なのだが、小池さんが橋爪さんの食事に手をつけてしまうので、ばあちゃんと席を変わることになったのだ。ばあちゃんの向かいに座っている怖そうな男性も、小池さんに鋭い視線を送って監視しているようだ。この男性は相川さんと言い、時々暴力を振るうらしい。

全体を見渡すと、誰もばあちゃんのような獣の目をしていない。食欲をそそるいい香りがしているのに「おいしそう」とか「早く食べたい」という声がまったく聞こえず、誰も微動だにしない。認知症で嗅覚が鈍くなっているからだろうか。緊迫したムードをかき消すように、介護スタッフが全員に語りかける。

「配り終わりましたので、皆さんどうぞ召し上がってください」

「いただきます」

室内に低い声が響き渡る。

食事の前半、小池さんはおとなしく食べていた。自分の食事に集中しているようだ。ばあちゃんも急いで食べているが、小池さんのほうが断然早く、ばあちゃんより先に完食してしまった。すると、小池さんの手がすっとばあちゃんのあずきのタルトに伸びた。

「なにをする！」

ばあちゃんがその手をはたいた。私は近くで見ていたが、その迫力に圧倒されてなにも言えなかった。小池さんは懲りずにまた手を伸ばす。すると今度は、ばあちゃんは小池さんの手首をつかんでねじろうとした。

「ちょっと、ばあちゃんやめて！」

さすがにこのときは、私も止めに入ったが、本気のふたりは意外と力が強く、私まで突き飛ばされた。

「やめろォ」

向かいに座っていた相川さんが、ものすごい形相でむくっと立ち上がり、小池さんに駆け寄ろうとした。

その瞬間、食事に立ち会っていた看護師が小池さんの手首をつかむと、介護ステーションのほうに向かって連れていった。私はいったいなにが起きているのかわからなかった。看護師と小池さんは介護ステーション横の個室に入っていき、中から鍵をかけた。ふたりを追いかけていった相川さんは、その個室のドアをバンバン叩きはじめた。

「開けろ！　そいつをわしがこらしめてやる」

相川さんは小池さんに罰を与えたいようだ。

本来、その個室は看取りなどに使う部屋のようだが、このときは看護師の機転から小池さんをかくまう最適な場所となった。相川さんを落ち着かせようと、介護スタッフがコーヒーをソーサーに載せて、相川さんに近づいていった。

「コーヒーでも飲んで、ゆっくりしてください」

コーヒーを差し出すスタッフの手が少し震えている。暴力的になっている相川さんに叩かれるかもしれない。

「コーヒーなんぞ、飲んどる場合か」

パリーンと瀬戸物が割れる音が部屋中に響き渡った。相川さんの怒鳴り声で介護スタッフがビクッとなり、コーヒーカップを落としてしまったのだ。

「部屋の中でなにをやっとる」

そう言うやいなや、相川さんはまた個室のドアを叩き始めた。

入り口からふたりの警備員が駆けつけてきた。一見、警察官に見える。相川さんはすぐに警備員に囲まれ、立ちすくんだ。正義感の強い相川さんが犯罪者扱いされ、不憫に思えた。

この騒動で周りが騒然としている中、ばあちゃんはどうしているだろうと思い、テーブルに目をやった。ばあちゃんは黙々とあずきのタルトをほおばっていた。小池さんがいない間に全部食べてしまう気だ。

そのとき、別のテーブルから声が聞こえてきた。

「ちょっと私のご飯を取らないでよ」

また、新しい騒動が勃発する予感。

腕時計に目をやると、もう12時半である。今日の午後は、令人を1カ月健診に連れていくことになっていた。

「ばあちゃん、また来るわ」

最後まで見届けたい気持ちを押し殺し、その場を去った。

デイルームから出て、廊下を歩いていると、なにやら話し声が聞こえてきた。先生と生徒のようだ。先生は朗らかな感じで、生徒と楽しそうに話をしている。

「本城さんの担当は時田さん」

どうやら、看護学科の生徒が看護実習にきているようだ。先生が担当を決めている。ばあちゃんにも誰かついてくれたら私も楽になるかもしれない。そんな淡い期待を抱きながら家路についた。

[レッスン]

認知症と糖尿病の危険な関係

糖尿病になると認知症になるリスクが2倍に

糖尿病になるとアルツハイマー型認知症や脳血管性認知症になるリスクが2〜4倍になります。実際、糖尿病と認知症の両方を患っている高齢者は少なくありません。糖尿病になると強い空腹感を感じますが、認知症を併発すると、食べたことを忘れたり、満腹感を感じなくなったりして、過食などの摂食障害が生じやすくなります。糖尿病も認知症も食事に関する問題が生じやすく、両者が併発すると認知症の悪化が糖尿病の悪化につながり、また糖尿病の悪化が認知症の悪化につながるという悪循環に陥る可能性が高くなります。

血糖値の管理が悪いと、認知症の症状にも悪い影響を与えます。例えば、食事の段取りが悪くなるといった実行機能障害が生じます。また、前出の小池さんのように他人の食べ物にまで手を付けてしまうほど暴食になったり、さらにそこから暴行にエスカレートしたりする場合もあります。食べ物を目につく場所に置かないように食べ物の管理は徹底しましょう。食べすぎから糖尿病が悪化したり、肥満になったりしないように周りの人が気をつけないといけません。

低血糖に注意

体調も血糖値に影響します。風邪などで体調を崩しているときには、ストレスホルモンがインスリンの分泌を抑制し、血糖値が上がる場合があります。また逆に食事をとらないと、低血糖になります。低血糖は最悪の場合、死に至ることもあるので絶対に避けなくてはいけません。糖尿病の高齢者は自律神経の機能低下や多剤併用のため、低血糖になりやすいので注意が必要です。また認知症があると、体調の変化を周りの人に伝えることが難しいので、知らないうちに低血糖になっていることがあります。活動性が低下したり、情緒が不安定だったりするときは、低血糖になっている可能性があるので、注意が必要です。

認知症の高齢者の場合、目標より血糖値を高めに設定することが推奨されています。目安となる血糖値については、医師に相談してください。

血糖値をきちんと管理するには、普段から食事に気をつけておくことが重要です。炭水化物をとりすぎない、タンパク質や野菜を欠かさないといったことを心がけてください。

家に帰りたい

「荷物を取って」

夕方になるときまって、モコモコしたパーマヘアの女性が、ものすごい形相で介護ステーションにやってくる。

「私、もう帰らせてもらうわ」

この様子を見ていた実習生はどう対処していいかわからず、介護ステーションのカウンターの隅で立ちすくんでいる。そんな実習生のひとりが無理に口角を上げ、作り笑いをした。

「ふん、皆して私のことをニヤニヤ笑うな。あんたらはな、ずっと私のことをごまかし続けとる」

「眞熊さん、落ち着いてください」

この女性は眞熊さんというらしい。眞熊さんはカウンターの机をバンと叩いた。

「ごまかされんぞ。いつもつらい思いをしているのはこの私や」

実習生の下手な作り笑いが、かえって眞熊さんを逆上させてしまったようだ。

眞熊さんは日中はおとなしいのだが、夕方になると豹変するときがある。夕方は「夕暮れ症候群」と呼ばれる帰宅願望が起こりやすくなるのだ。眞熊さんはスタッフに何度も一時帰宅の日を聞くので、ベッドには一時帰宅する日を書いた紙が貼られていた。

スタッフが眞熊さんをなだめようとするが、眞熊さんは「荷物を取って」とけたたましい声を上げ、カウンターの机をもう一度叩く。スタッフとの押し問答が続き、ようやく荷物を諦めた眞熊さんは、スタスタとエレベーターへ向かって歩き出した。

「もう帰る」

眞熊さんは下に降りるボタンを何度も押すが、いっこうにエレベーターが上ってくる気配がない。

「そのエレベーター、壊れているんですよ」

スタッフのひとりが声をかける。

「そう、壊れてるの」

眞熊さんは、おとなしく部屋に戻っていった。

その様子を見ていた実習生がヒソヒソと会話を始めた。

「認知症の人に嘘をつくのっていいのかな?」

それに対し、リーダーらしき実習生が答えた。

「でも、出られないようになっています、とも言いにくいよね」

実習生は論議を始める。

「カンファレンスの議題は、認知症の人の倫理的問題、認知症の人に嘘をついてもいいのか? にしよう」

リーダーが他の実習生にそう提案すると、全員、頷いた。「エレベーターの嘘」から始まった議論は、倫理問題へと昇華し、カンファレンスのテーマとなったようだ。認知症専門棟は、実習生にとっては気づきや発見のネタには事欠かないようだ。

[レッスン]

認知症の人に対する倫理的配慮

認知症のケアにおいては、倫理的な課題に直面することがあります。例えば、施設によっては鍵や暗証番号がないとエレベーターが動かないところがあります。その際、利用者に外へ出ることができない事実を伝えるべきか、もしくは本人を傷つけないような嘘で取り繕うか、その答えには正解はなく、介護者の倫理観が問われます。認知症の人は状況を理解できないことも多く、家族を他人だと思い込んだり、泥棒呼ばわりしたりすることもあります。間違いを正すばかりではなく、場合によっては介護者が役者になったつもりで、本人の認識に合わせてあげたほうがうまくいく場合もあります。認知症のケアには臨機応変な対応が求められます。

また、感染症の流行時には、認知症の人への倫理的配慮が欠けることが懸念されます。

例えば、新型コロナウイルスの流行中は、多くの病院や介護施設で感染予防のために面会が制限されました。面会が制限された状況では、家族の目が届かないうえに、看護・介護スタッフも感染対策や人手不足でストレスがたまっているため、虐待や身体拘束が起きやすくなります。また、認知症の人は感染予防の施策が理解できないと思われがちなので、本人の意思が軽視されたり、行動を制限されたりする恐れがあります。

２０２０年、日本は新型コロナウイルスでパニックになりましたが、今後も感染症が流行する可能性は十分あります。どのような状況下においても、認知症の人の人権や意思を尊重し、接することが大切です。

[レッスン]

夕暮れ症候群

夕方は「夕暮れ症候群」と呼ばれる帰宅願望が起きやすくなります。施設から帰ろうとしたり、昔住んでいた場所に行こうとしたりします。夕暮れ症候群が起きてソワソワと落ち着かないときは、別のことに関心を向けて、気持ちを切り替えましょう。夕方は疲労で頭の働きが鈍くなっているので、音楽鑑賞や簡単な趣味活動がお勧めです。時間に余裕があるなら、軽く散歩をするのもいいでしょう。夕暮れ症

候群が頻繁に起きる場合、たまには嘘でごまかしてもいいですが、なるべく言葉をかけて、今の場所にとどまるように説得しましょう。

眞熊さんの哀しみ

「眞熊さんていう人、なんだかどんどん精神症状がひどくなっているよね」

実習生がひそひそと廊下で話をしている。

「ほんと、近づくの怖いもんね」

「なんかね、暴力を振るって、ここでは手に負えないから、精神病院に送るとか、そんな話を看護師さんがしてたよ」

「うわあ、もし、私が眞熊さんにつくことになったら、どうしよう」

「私たちが眞熊さんにつくことはないらしいよ」

実習生は介護ステーションから離れた廊下の端で話をしていたが、ばあちゃんの部屋には丸聞こえだった。

そんな実習生の話を聞いた翌日のお昼、私はばあちゃんの面会に行った。眞熊さんは扱いが難しそうなので、きっと介護ステーションの近くの部屋になるだろうと私は踏んでいた。しかし私の予想に反して、眞熊さんはばあちゃんの隣のベッドに座っていた。

（ばあちゃんと喧嘩にならないといいのだが）

その後しばらくして、デイルームでレクリエーションの時間となった。私とばあちゃんは先にデイルームに入り、周りの様子をうかがっていた。噂の眞熊さんが入ってきた。眞熊さんの目は吊り上がり、怒っている。大魔神のように見えた。いつの間にか目の下にクマができていて、どす黒い顔をしている。眞熊さんはすぐに暴力を振るうからと、介護ステーションの近くに座らされていた。そこへ先生がやってきて、不用意に眞熊さんに声をかけた。

「おはようございます。今日はそこにお座りなんですね」

「こんちくしょー。こんなとこに座らせやがって」

眞熊さんが容赦なく拳を振り上げると、先生はとっさに身構えた。近くにいた看護師がすぐに止めに入り、事なきを得た。眞熊さんを介護ステーションの中に入れようと看護師が誘導しようとした。しかし、眞熊さんは言うことを聞かず、すぐさま立ち上がりあちこち動きまわりはじめた。

「あんたか、あんたはそんなとこにいたんか」

眞熊さんは唐突に、ひとりの男性利用者に声をかけ、怒りをぶつけはじめた。

「ひどいやつや。私は、ずっと、ずっと、家で待ってたんやから」

眞熊さんはその男性を亡くなった夫だと勘違いしていて、これまでに何度も言いがかりをつけているとのことだった。

「私が、どんなにつらかったか、わかってるんか」

怒りの表情をあらわにした眞熊さんに、その男性は怯えていた。眞熊さんは腕を伸ばして、男性の両肩をつかみ、揺さぶりはじめた。

「ほんまに、わかってるんか」

「悪かった」

この男性は無関係なのに、本当に申し訳なさそうに謝った。まるで本物の旦那さんが憑依《ひょうい》したかのようだ。

「ううううううう」

眞熊さんはその場にうずくまってしまった。すぐに看護師がやってきて、眞熊さんの背中にそっと手を添える。顔を少し上げた眞熊さんの瞳がキラリと光った。怒りの表情の奥に深い哀しみがあることが伝わってきた。眞熊さんは怒っているのではなく、傷ついているのだった。

[レッスン]

認知症の人への接し方の重要ポイント

1 ケアが良いと暴言・暴行が抑えられる

認知症の人を「問題を起こす人」と決めつけて諭したり、自尊心を傷つけたりするような対応をすると、認知症の周辺症状である暴言・暴行を助長する場合があります。

また、便秘やお尻の痒みなど体の不快感に自分でうまく対処できないことが、弄《ろう》便《べん》（便をいじる）などの行為につながる場合もあります。逆に優しく接してくれる人がそばにいて安心できる生活環境だったり、排泄のケアがきちんとできていて不快感がなかったりすると、周辺症状は起こりにくくなります。なにか不可解な行動をしていても、問題がなければ、自由にさせておきましょう。行動をやめさせたい場合には、優しくタッチしながら説得するか、別の関心事に誘導して目先を変えます。このときに相手の自尊心を傷つけないことがポイントです。認知症の人は感受性が高くデリケートで、相手の態度や接し方をよく観察しています。認知症の周辺症状に困っているときには、ケアする側が行動障害を誘発していないか、あらためて自らの態度や行動を振り返ってみましょう。

2 尊厳を守る

認知症が進行すると、物忘れがひどくなったり、状況に応じた判断が難しくなったりしますが、そのようなときでも決して馬鹿にするような態度をとってはいけません。認知症の人はただでさえ、自尊心が傷つきやすい状況に置かれています。上から見下ろすような態度は相手に伝わり、自信をなくし、認知症の悪化につながります。上から見下ろすのではなく、目線をあわせ、声のトーンを穏やかにし、年長者としての尊厳を傷つけないように話しかけましょう。

3 行動を制限しない

認知症の人は、周りには理解できない不可解な行動をすることがあります。徘徊のような無意味に思える行動も、本人にとっては目的や意味があります。落ち着くまで一緒に歩いてみるのもいいでしょう。

認知症の人の不可解な行動を常に制限すると、自信の喪失や気力の低下につながります。他人に迷惑をかけないようであれば自由に行動させましょう。自由に行動してもいいという安心感が精神的な安定にもつながります。

4 不安に共感する

認知症になっても、喜怒哀楽の感情ははっきりしています。会話についていけない、自分のいる場所がわからないなど、常に不安な気持ちを抱えているのです。相手の感情を察して、「心配ですよね」「思い出せなくても大丈夫ですよ」と不安に共感することが重要です。

5 考える負担を減らす

認知症の人は判断力や思考力が低下しているので、新しいことを考えたり、難しい判断をしたりすることが難しくなってきます。物の配置がころころ変わったり、手順が毎回異なったりすると、その都度考えなくてはいけません。認知症の人が楽に暮らすには、余計な判断や思考の機会をなるべく少なくすることです。よく使う食器や道具は置く場所を固定し、食事やトイレなどは決まった時間に決まった手順で行いましょう。

6 非言語コミュニケーションも大事に

認知症になると、理解できる言葉が徐々に少なくなってきます。したがって、言葉でのコミュニケーションよりも、非言語的なコミュニケーションのほうが伝わりやすい場合があります。ジェスチャーで伝える、優しく手を添える、微笑むなどの非言語的なコミュニケーションも大事にしましょう。

7 体調の変化に気をつける

認知症の人は、体調が悪くても、そのことをうまく伝えられないことがあります。いつもと様子が違ったら、便秘ではないか、風邪を引いたのではないかと推測し、早めに対処しましょう。

8 精神的なゆとりのために他人のサポートを受け入れる

ひとりで介護をしていると、何度も同じことを聞かれたり、困った行動が続いたりと、誰もがイライラしてくるものです。優しく接しなければいけないと頭ではわかっていても、ついイラっとしてしまいます。

「自分でやったほうが早い」、「迷惑をかけてしまう」と思い、周りに「介護を手伝って」と言えない人が多いようです。しかし、家族や身内で介護を手伝ってもらえそうな人がいたら、声をかけて手伝ってもらいましょう。他人のサポートがあると自分の時間が確保できて、精神的にゆとりをもって介護ができます。

学習ドリル問題

ばあちゃんと同室になった眞能さんは、認知症の症状がひどくなり、たった数日で別室へ移動となった。すると、眞能さんと入れ替わりで、小池さんが入ってきた。食事のときにばあちゃんと揉めている、あの小池さんだ。相性のよくない者同士が同室になるのは納得がいかなかったが、まずはしばらく様子を見ることにした。小池さんには丸山さんというかわいい実習生がついていて、ばあちゃんは羨ましそうだった。

「私にも、あんなかわいらしい女中さんをつけてくれんやろか」

丸山さんは小池さんの趣味やこれまでの人生について、細かいところまで丁寧に聞いていた。認知症ケアでは非常に重要な作業だ。

「俳句や書道がお好きなんですね」

丸山さんは一言も聞き逃すまいとメモをとっていた。

「私の実習中に、小池さんの好きなことをたくさんやりましょうね」

丸山さんは目をキラキラと輝かせて、看護計画について思考をめぐらせていた。


次の日の昼食後、丸山さんは手作りの漢字ドリルを何枚か持って部屋を訪れ、意気揚々と小池さんのベッドに向かった。俳句や書道には漢字が欠かせないと思って漢字ドリルを作ってきたようだ。丸山さんは得意げにドリルの説明を始めたが、小池さんは困った表情を見せた。

「こんなんは面白くないから、やりたくないわ」

小池さんはそう言って、ぷいっとどこかへ行ってしまった。予期せぬ反応に、丸山さんはうろたえ、少し間を置いてから小池さんを追いかけた。私は意気消沈した丸山さんの背中をちらりと見て、ばあちゃんにつぶやいた。

「難しすぎたんちゃうかな」

「なんのことや」

「なんでもないよ。あの子の用意してくれた漢字ドリルが難しすぎたんちゃうかなて思って」

「ばあちゃんは、あんな勉強みたいなんは、やりとうない」

「わかってるよ。ここでは追加料金を払ったら、学習療法もやってもらえるけど、そんなお金払って勉強みたいなんはやりたくないよな。ばあちゃんは」

しばらくすると廊下の先から、丸山さんと先生が話している声が聞こえてきた。

「私、嫌われちゃったみたいで。小池さんは私が来てくれてよかったって言ってくれたのに」

丸山さんの声は涙声だ。

「難しいほうが認知症が進みにくくなると思ったんですけど」

「用意したドリルがちょっと難しすぎたのかもしれないね。でも、よかれと思って計画したんよね」

先生が熱心に慰めている。

「もうちょっと楽しそうなことから始めたほうがいいかもしれないわね」

丸山さんの嗚咽《おえつ》はなかなか止まらなかった。

[レッスン]

難しいドリルは逆効果なことも

認知症の進行を抑える方法のひとつに、学習療法があります。学習療法とは音読や計算などの教材を使った非薬物療法です。「内容が難しいほど効果がある」と考えて難解なドリルなどを使う人がいますが、難しすぎて解けないと、かえって本人が自信をなくしたり、自尊心が傷ついたりします。難しすぎず、簡単すぎず、ちょうどよいレベルのドリルを用意しましょう。そのほうが取り組みやすく、脳も活発に働きます。コミュニケーションを取りながら、楽しい雰囲気で行うことも重要です。

最期のお花

実習生が廊下で話し合いをしている。

「いいよ、時田がお金いっぱい使って。だって本城さんは昔、生け花の先生だったんだからしょうがないよ。私たちはできるだけ百円ショップで買うようにするから」

どうやら実習生に割り当てられたレクリエーション費には限りがあり、担当する利用者によって、金額が振り分けられるようだ。

「ごめんね、ホントに。私ばっかりいっぱいお金を使って。別に実費でいいんだけど」

途中から先生が割り込んできて言った。

「時田さん、実費はダメよ。少しくらいレクリエーション費をオーバーしてもいいから。でも、高いお花は無理だから、好きなお花の色を聞いて、うまく合わせてあげて」

ばあちゃんと同室の本城さんは92歳とかなりの高齢だが、かつて生け花の先生をやっていただけあって聡明な感じだ。本城さんを担当している実習生は時田さんという名前だ。時田さんは馬鹿がつくほど生真面目で、少々融通の利かない感じだ。時田さんは未生流の生け花の本を脇に抱え、硬い表情で本城さんに接している。本城さんは時田さんを愛弟子と思っているのか、とても嬉しそうだ。

昼休み後、時田さんは花束を抱えて本城さんのもとへやってきた。赤いガーベラが鮮やかで、本城さんの表情がぱっと華やいだ。

「昨日までは造花でしたが、今日は本物を持ってきました。看護師さんに聞いたら、（本城さんは）ちょっと熱があるけど、生け花はやっていいそうです」

本城さんは赤い花を手にしたとたん、内面のなにかが蘇ったように、テキパキとお花を活け始めた。

「赤い花が好きなのよ。赤い花を使ったときは、いつもいいことが起こるの」

本城さんは頭の中の記憶を紐解くように時田さんに語りかける。

「いいことがあるんですか」

「そう、賞が取れたときは決まって赤い花を使っているとき」

「赤い花のときなんですね」

生真面目で口下手な時田さんは、ただオウム返しに相槌を打つことが多かったが、それがかえって本城さんが自分の過去を振り返る手助けとなっていた。

完成した作品は、赤いガーベラが高く掲げられ、根元には青いデルフィニウムとカスミ草がほどよくあしらわれていた。この作品は華道の秀作というよりは、本城さんの長い華道人生の集大成のような出来栄えだった。

「時田さんが来てくれて嬉しいわ。まだあと1週間は来てくれるのよね」

「はい、また赤いお花を持ってきますね」

帰校日と連休が連なったようで、時田さんは4日ほど「そよ風」に来ることができなかった。連休明けの朝、私が介護ステーションの前を通ると、朝礼をやっていた。時田さんは赤いバラの花束を抱えていた。実習生がヒソヒソと話をしている。

「先生が実費で高い花を買っちゃダメと言ったのに、怒られるんじゃない？」

朝礼のときに私語が多くて怒られるんじゃないかと心配していたが、先生やスタッフの表情は妙に優しかった。実習生の指導係である看護師が先生を呼び、なにやら言いにくそうに声をひそめて話し始めた。ふたりは時田さんをチラチラ見ている。

「バラを買ってきたから怒られるんじゃない？」

実習生はヒソヒソとそんな話をしている様子だ。看護師はゆっくりと実習生の前に立って、静かに口を開いた。

「本城さんは急変されて、昨夜お亡くなりになりました」

「えっ」

唐突な報告に、時田さんは花束を落としそうになった。深紅の花びらが1枚ひらひらと舞い落ちた。

「時田さん」

先生が時田さんに近づき、そっと肩に手をまわして、介護ステーションの外へと連れ出した。時田さんは元来、気持ちを表に出さないタイプだが、このときばかりは明らかに表情がこわばっていた。看護師は介護ステーションのカウンターに置かれたバラの花束に目をやり、他の実習生にこう言った。

「時田さんが落ち着いたら、そのお花を本城さんの部屋に飾ったらどうかしら。しばらく、次の人は入ってこないから」

廊下の片隅から時田さんと先生の声が聞こえる。

「先生、人ってそんなに簡単に亡くなっちゃうんですか」

時田さんはポロポロと泣きじゃくる。

「また来るの楽しみにしてるって言ってたのに」

「ほんと、ショックよね。でも、看護師さんが言ってたよ。時田さんが、本城さんの人生を締め括るための重要なケアをちゃんとやっていたって」

先生は時田さんに寄り添いながら続けた。

「先生もそう思うわ。本城さんが大切にしてきた生け花を一緒にやりながら、きちんと本城さんが自分の人生を振り返り、納得するのを助けていたよね」

先生は看護の技術的なことをただ教えているのではなかった。人生の終盤を迎えた人を支えるうえで、もっとも大事なことを伝えようとしていた。

お昼前に実習生は本城さんが最期を過ごした部屋に集まり、たどたどしい手つきでバラを活けていた。未生流生け花の本を見ながら、真剣にバラを生けている。3本のバラのうち、2本はまだつぼみで、これから花が咲くところだ。カスミ草のはかない雰囲気がバラの存在を引き立てている。本城さんの作品には及ばないものの、まとまりのある仕上がりになった。

「未生流の生け花になってるかな」

実習生は少し口角を上げて静かに頷いた。

[レッスン]

老年期は人生の振り返りを大事に

エリクソンの「自我の統合」

人生を締め括る時期にある高齢者にとっては、これまでの人生を振り返り、納得して人生を終えられるかどうかは大変重要なことです。

発達心理学者であるエリクソンは、「老年期」の発達課題（成長段階で習得すべき課題）は「自我の統合」であると述べています。

「自我の統合」とは「老いの受容」と「人生の価値の確認」です。老年期になると、心身の機能の低下、健康状態の不安定さによって自立した生活を送ることが徐々に難しくなってきます。また、それらに加えて、家族や親しい友人に先立たれるなど、喪失体験が多くなります。このように老年期は辛い体験が増えますが、これまで生きてきた人生のプラス面もマイナス面もすべて受け入れ、自分の生きてきた人生に価値と意義を見出す時期でもあります。

「今は年老いてできないことが増えてしまったが、若い頃は子どもを産んで育てあげた」、「華々しい功績をあげたわけではないが、一筋の道をひたむきに歩き、人に支えられ愛された」といったように納得することです。

「老いつつある自分」を受容できた人には、英知のような徳（力）が現れるとエリクソンは述べています。逆に「自我の統合」がうまくいかないと、「絶望」を感じてしまうとも述べています。

エリクソンのいう「絶望」とは、死が迫るなかで死を拒否したり否認したりすること、もはや人生はやり直しがきかないという絶望感や苦しみに陥り、自分の人生を拒否することです。

老年期にある高齢者はこのような絶望に陥ることなく、老いを受容し、人生の価値を確認し、自我を統合していくことが求められます。

ただし、認知症の人は人生の記憶を徐々に失っていきます。したがって、認知症の人にとっては、「老いの受容」も「人生の価値の確認」も難しく、「自我の統合」を達成することは非常に困難です。では、認知症の人は「自我の統合」を断念せざるをえないのでしょうか。私はそうは思いません。認知症の人も人生を振り返り、納得して人生を終えるべきだと思います。ただし、認知症の人が自分一人で人生を振り返ることは難しいでしょう。したがって、認知症の人が「自我の統合」を達成するためには周りの人の支援が不可欠です。

特に家族は本人のことをもっともよく知る存在なので、本人がどんなことを大切にして人生を送ってきたかを知っています。本人が好きだった物、興味をもっていたことなどに触れながら、人生を振り返る手伝いをしてあげましょう。そうすることが、本人のためになるだけでなく、家族にとっても納得のいく介護となります。

「自我の統合」のための具体的な支援方法

「自我の統合」を達成するには、仕事、趣味、ライフワークなど人生で大事にしてきたことを振り返ることが必要です。周りの人は回想を促したり、趣味を行うのを手伝ったりします。

回想を促すには、本人の昔のアルバムや懐かしの小物などを用意したり、昔の映像や音楽を流したりするとよいでしょう。

元気な頃と同じように趣味を行うのは難しいので、現状で実行可能なレベルに変えてあげます。例えば、手芸が好きだった人には、フェルトを貼るだけの簡単な手芸キットを用意したり、ピアノが趣味だった人には、ピアノ演奏の動画や音楽を流してあげたりします。

また、本人の思い出の場所に連れて行くのもよいでしょう。認知症になると意思表示が難しくなりますが、訪れたいであろう場所を家族が推測し、連れていってあげるのです。日常・非日常の両面から、自我の統合に向けて支援することが求められます。

もっと勉強したかった

本城さんが亡くなったあと、空いたベッドに細木さんという物静かな女性が入ってきた。細木さんの担当には時田さんが指名された。時田さんはうまく気持ちを切り替えられるだろうか。私は余計な心配をしながら、時田さんの様子を眺めていた。真面目な時田さんは毎日、細木さんと一緒にできるレクリエーションを考えてきていた。画用紙を持ってきたり、裁縫道具を持ってきたりと常に準備万端だ。細木さんがベッドサイドに腰掛け、時田さんがパイプ椅子に座る。

「あんたが来てくれるのが楽しみや。六女がたまに来てくれるだけやから」

細木さんはちょっと視線を落とす。

「ろくじょ?」

「6番目の娘や。私、7人の娘がいるんやけど、来てくれるのは六女だけ」

「そうなんですか」

時田さんは、どう返答すればいいのかわからず、困った様子だ。

「でも、六女さんが来てくれるから、たくさん産んどいてよかったですね」

やや無神経とも思えるその発言も、真面目な時田さんから発せられると、前向きに聞こえる。

「今日は、これを作ってきました」

時田さんは歯のイラストと歯磨きの手順を文字で書いた画用紙を取りだした。細木さんは歯の磨き残しが多いようなので、歯磨きの正しいやり方を図で説明したいようだ。細木さんはいつも、時田さんが準備してきた物を見て、言葉少なげにニカっと歯を見せて笑いながら、首を何度も縦に振る。しかし、私は細木さんがなにか物言いたげな表情をしていることが気になっていた。時田さんはいつも説明することに集中しており、細木さんの表情に気づいていない。すると、細木さんがおもむろに口を開いた。

「前から、あんたに言わんといけんと思っとることがあって……」

時田さんは細木さんの突然の言葉に顔を上げる。

「えっ、どんなことですか」

細木さんは、ぎゅっと口を結び、決心したように口を開いた。

「私は、学がなくてな、字が読めんのよ」

「えっ、そうだったんですか」

時田さんは驚いた表情を隠せない。

「ごめんなさい。気づかなくて……」

「こっちこそ、早く言おうと思ってて、なかなか言えんで悪かったわ。小さい頃は女だからってなかなか学校にも行かせてもらえんかった」

そこで、同室の橋爪さんが同調するように口を挟んだ。

「わかるわあ、その気持ち。私は英語を習いたかったんやけど、女やから、そんなんいらんって言われたもんや」

そう言えば、ばあちゃんも小さい頃は子守りばかりさせられて、なかなか学校に行かせてもらえなかったと言っていた。昔はアルファベットは男にしか教えてもらえなかったそうで、ばあちゃんは電化製品が壊れると、アルファベットで書かれた機種名を読むために、私を何度も呼び出したものだった。

「小学校や中学校の国語や英語の教科書を持ってきましょうか?」

とっさに私はおせっかいな口を開いていた。

「ほんとに?　嬉しいわあ」

細木さんと、橋爪さんは、顔を見合わせて微笑んだ。そんな気の利いた申し出ができたのは、私が保健師をやっていたときに、脳梗塞で半身麻痺になった80歳の女性から、英語の教科書を持ってきてくれないかと頼まれたことがあったからだ。

「私、国語も英語もそんなに得意ではないですけど、お手伝いしますよ」

時田さんは明るい表情でそう言った。明日から、時田さんは新しいレクリエーションを行うことになりそうだ。

「ありがとう、ありがとう」

細木さんの目に涙が滲んでいた。気がつくと、細木さんだけでなくみんなの目が潤んでいた。そんな光景にばあちゃんが遠慮なく水を差した。

「ばあちゃんは、勉強はもういいわ～」

私はばあちゃんを睨みつけた。

「そんなこと、わかってるから言わんでいい」

[レッスン]

高齢になっても新しいことを学ぶことができる

高齢者はもちろん、認知症の人でも新しいことに挑戦することができます。「できるはずがない」と短絡的に決めつけず、さまざまな物事を提案してみましょう。

なにか関心を持てることが見つかれば、積極的に取り組んで、能力を伸ばすことができるかもしれません。実際、高齢者がこれまでまったくやったことがなかったテレビゲームをできるようになり、夢中になったという事例もあります。

認知症になると、顔馴染みの人でも顔を忘れがちになってしまい、会うたびに「初対面の人」となってしまうこともあります。しかし、頻繁に顔を合わせるようになると、例え名前は覚えられなくても、その人の存在を認識できるようになります。

農家育ちのおばあさん

「ばあちゃん、今日は午後から屋上菜園の水やりやて」

「ふん、ばあちゃんはぬか漬けは好きやけど、農業はしたくない」

「まぁまぁ、ばあちゃん、水をやるだけやから」

「そよ風」はレクリエーションがあまり多くないので、こういう活動にはできるだけ参加してほしいと思っている。ばあちゃんと同室の菅原さんは農家育ちの素朴な雰囲気の女性だ。菅原さんはいつも野菜の話ばかりしているので、こういう活動は嬉しいに違いない。

スタッフが部屋にやってきて、菅原さんを車椅子に乗せると、エレベーターへ向かう。私もばあちゃんを車椅子に乗せてスタッフに続く。エレベーターの前には人だかりができていた。みんな、屋上に行くのが楽しみなようでソワソワしている。スタッフのひとりがエレベーターの暗証番号を押している。「コスモス」ではエレベーターを使うには鍵が必要だったが、ここは暗証番号のようだ。

屋上に到着して、ドアの外に出る。季節は秋だが、昼間の日差しはまだ強く、じりじりと照りつける。屋上なので遮るものはなにもない。大きい花壇が4つあり、ニンジンや大根が植えられている。スタッフは足腰がしっかりしている利用者に水やりをお願いしている。ふいに爽やかな風が吹き、ニンジンの葉がそよそよと揺れた。秋の風が心地よい。

と、そのとき。

「ちょっと、あんた、抜いたらあかん、あかん」

ばあちゃんは必死に菅原さんを止めようとしたが、菅原さんはあっさり大根とニンジンを引き抜いてしまった。初秋なので大根もニンジンも小さくかわいらしかった。

「そんな、小さいの抜いてどうする?」

ばあちゃんは菅原さんの顔を不思議そうにのぞき込んだ。

「ふふっ」

菅原さんは無邪気に笑い、大根とニンジンを大事そうに膝の上に置いた。菅原さんは明らかにばあちゃんより認知症が進んでいたが、自分の中の大事な部分はきちんと認識していた。スタッフもそんな菅原さんをあまり気にしていない様子だ。

屋上での活動が終わり、部屋に帰ると、菅原さんは大根を右手、ニンジンを左手に持って、すやすやと昼寝を始めた。担当の実習生が指導看護師に質問していた。

「泥のついた大根と一緒に寝たら衛生上、問題ないですか？」

「まぁ、ちょっと不衛生だけど、菅原さんは、それほど衛生面に気を配らないといけない状態じゃないから、そのままにしてるの。だって、幸せそうでしょう？」

きっと農家の娘にふさわしい人生の締め括り方があるのかもしれない。菅原さんのいびきが少し荒くなり、寝返りをした瞬間、大根がゴロリと床に落ちた。

レクリエーションには、季節を感じることができる体験型のレクリエーションもあります。採れたての野菜などに触れると、香りや手ざわりなどで五感が刺激され、脳にも良い影響があります。旬の野菜を使った料理からは季節感を感じることができます。秋の紅葉は目を楽しませてくれますが、落ち葉を手に取ると、秋の香りを肌で楽しむこともできます。屋内にばかりいると、肌で季節を感じたり、実物に触れたりする機会が少なくなってしまいます。五感を刺激するためにも、外出の機会を作るよう心がけたいですね。

実習生とのお別れ

いつの間にか秋も深まり、デイルームの大きな窓からも紅葉が楽しめる。この日、実習生は実習の最終日を迎え、デイルームに全員集まって最後の挨拶を行う。デイルームの前方に実習生が並び、一人ひとり挨拶をしていく。

小池さんを担当していた丸山さんの番となった。丸山さんが挨拶を終えるやいなや、小池さんが大きな声を発した。

「いやぁ、あんたたちは、本当によくやったよ。皆、拍手」

小池さんが率先して周りを煽って、実習生を褒めたたえる。実習生は急に拍手喝采を浴びて、ポカンとしている。そんな中、丸山さんの目には涙がにじんでいた。丸山さんは学習ドリルの件で小池さんとひと悶着あっただけに、その喜びはひとしおだったようだ。認知症の人は理解力や認知能力が乏しいと思われているが、実際はよく理解している。今は別れを惜しむ時間。

「あんたたちが、来てくれて元気が出たよ。いい学校の先生になってね」

他の利用者からも声が上がった。どうやら教員の教育実習と勘違いしているようだ。実習生がレクリエーションで回想法を行う際、昔の唱歌集を用いたので、教育実習と勘違いしたのかもしれない。本当は教育実習ではなく、看護実習なのだが、しかしそんなことはどうでもよかった。ほぼ1カ月、一緒に過ごした間柄なのに、明日からは会えなくなるのだ。

「1カ月間、本当にありがとうございました」

実習生は目をうるうるさせながら、深々と頭を下げた。

挨拶を終えたあと、実習生は自分の担当した利用者のもとに駆け寄り、お別れの挨拶を交わしたり、抱擁したりしていた。お別れの挨拶が終わると、実習生は荷物をまとめ、階段へ向かった。実習生は最後にもう一度振り返り、一礼した。ちょうど私も帰るところだったので、実習生に続き、階段を下りた。階段の踊り場から、先生と話している丸山さんの声が聞こえた。

「初めて認知症専門棟に来たときは、皆さん、おかしなことばかりしていて、怖かったんですけど、今は皆さん本当に素直に生きているんだなと思うようになりました」

「いい学びをしたわね」

先生は温かい笑みを浮かべている。実習生は階段をゆっくりゆっくりと下りている。まるで実習が終わるのを惜しむかのようだ。

「それと先生、私、小池さんのために本当に一生懸命ケアを考えてたんですけど、自分の認知症のおばあちゃんになにもしてあげてないことに気づきました」

「私もそう」

「私も」

他の実習生も同調した。

「そんなもんよ。仕事や実習だとできるみたいなのが、みんなあるんよね。でも、せっかく気づいたんだから、自分のおばあちゃんにも優しくしてあげて」

先生はさらりとみんなに応えた。

［レッスン］

その人らしさを大事にした高齢者のケア

実習生はそれぞれが担当した高齢者の生きてきた過程を理解し、アセスメントという分析をしながら、その人らしさを大事にしたケアを行いました。その人らしさを大事にしたケアを行うと、本人の残っている能力が引き出され、自然といきいきとしてきます。反対に画一的で問題対処型のケアだと、心身の機能がどんどん衰えていきます。

看護や介護にかかわる人間は、日々移りゆく高齢者の身体的状況や認知症の程度を把握し、安心して快適に過ごせるようにケアするだけでなく、人生の終末期に向けたかかわりもしなくてはなりません。老年期は人生の総まとめをしていく時期でもあるからです。実習生たちは、それぞれが担当した高齢者が自分の人生を振り返りながら、自分の人生には意味があった、生きてきてよかった、いい人生だったと納得して人生を終えられるようなケアを行いました。次の表は各実習生のケアの要点や反省点を整理したものです。

実習生のケアのまとめ

	本城さん	小池さん	細木さん	菅原さん
生活歴やライフワーク	生け花の先生であり、数々の受賞歴もある。体調に変動があり、心身ともに不安定。	気丈で負けず嫌いな性格。甥を長男だと思い込んでいる。	物静かで穏やかな人柄。幼少時にあまり学校に行かせてもらえず、字が読めない。歯磨きなどのセルフケア能力が落ち始めている。	野菜を作っている農家で育った。素朴な人柄。認知症が進み、ごく簡単な会話しかできない。
認知症の程度	軽度	中～重度	認知症の前段階	重度
ケアやレクリエーション	過去の栄光を振り返りながら、生け花を楽しむ。	漢字ドリルを作って一緒に行う。	歯の磨き残しがなくなるよう、図や字を使って説明する。字が読めるようになりたいという希望をかなえるために、学習できる環境を作る。	屋上菜園の水やり。野菜に触れながら過ごせるように配慮した。
反省点		現在の本人の能力に合ったものを提供し、テストのようにせず、自尊心を傷つけないようにできればよかった。	字が読めないことに早く気づき、字を使わない方法で支援し、自尊心を傷つけないようにできればよかった。	

[レッスン]

パーソンセンタードケア

英国の認知症ケアの第一人者トム・キットウッド氏は「パーソンセンタードケア」を提唱し、介護施設や介護者の都合によるケアではなく、本人の個性や尊厳を尊重するケアの重要性を説きました。パーソンセンタードケアの理念は「その人らしさ」を尊重することで、この考えは日本の看護・介護従事者の間に広がっています。

トム・キットウッド氏は、認知症のケアで重要なのは、くつろぎ（やすらぎ）、結びつき（愛着）、共にあること（社会的一体性）、たずさわること（主体的活動）、自分らしさ（自己同一性）の5つの要素であると説き、この5つの要素を5枚の花びらで表現しています。これら5つの要素の中心には、その人をひとりの人間として尊重する「愛」があります。トム・キットウッド氏はこの5つの要素を心から満たすことによって、その人らしさを保つことが可能になると考えました。認知症の人は自力でこれらの要素を満たすことができないため、周りの人がこれらの要素を意識して支援することが求められます。

1 くつろぎ（やすらぎ）：Comfort

認知症の人は、記憶が徐々に失われ、これまでできていたことができなくなるので、自信をなくし、常に不安を抱いています。不安を取り除き安心感を与えるためには、くつろぎややすらぎが必要です。優しく接することで不安や悲しみを和らげてあげましょう。そして、ときには自信を回復できるように、思いやりをもって励ますことも大切です。

2 結びつき（愛着）：Attachment

人間は本能的に社会的な絆や結びつきを求める生き物です。子どもは世の中のことがわからないので、家族の絆と家庭の安心感が拠り所となります。これと同様に、認知症の人も世の中のことが徐々にわからなくなり、また、これまでの人間関係の記憶が失われていくため、人との結びつきを求めるようになります。その欲求は子どもと同じくらい強いと言われています。

3 共にあること（社会的一体性）：Inclusion

人間の社会性のひとつとして「集団生活」が挙げられます。集団の一員、つまり社会の一員であることが人間の存在意義なのです。認知症の人は、他人の気を引こうとしたり、他人につきまとったりしますが、これらの行動は自分が社会の一員であることを証明したいという気持ちの表れなのです。存在を無視されたり、社会的に排除されたりすると、自尊心が傷つけられます。家族や仲間との生活の中に本人の居場所を作ってあげることが望まれます。

4 たずさわること（主体的活動）：Occupation

仕事や趣味など、人はなにかにたずさわりながら生きています。たずさわることが奪われると、人の能力は衰え始め、自信もなくなってしまいます。認知症になっても、なにかにたずさわっていたい気持ちはありますが、自力でこの気持ちを満たすことは困難です。本人が興味を持つことができそうな活動があれば、部分的でもいいのでかかわるように促してみましょう。

5 自分らしさ（自己同一性）：Identity

自分らしさ（自己同一性）とは、自分の性格や嗜好性を把握し、どのような役割、ライフワークをもって生きてきたかを自分自身で理解することです。そして、そのような過去の自分の延長線上に今の自分がいると自覚することです。ところが、認知症になると、これまで自分で培ってきた経験や知識がどんどん失われ、自分らしく生きていくことが難しくなってしまいます。したがって、周りの人には、その人の人生歴を理解し、その人らしい生き方ができるように環境を整え、支援することが求められます。

トム・キッドウッドの花

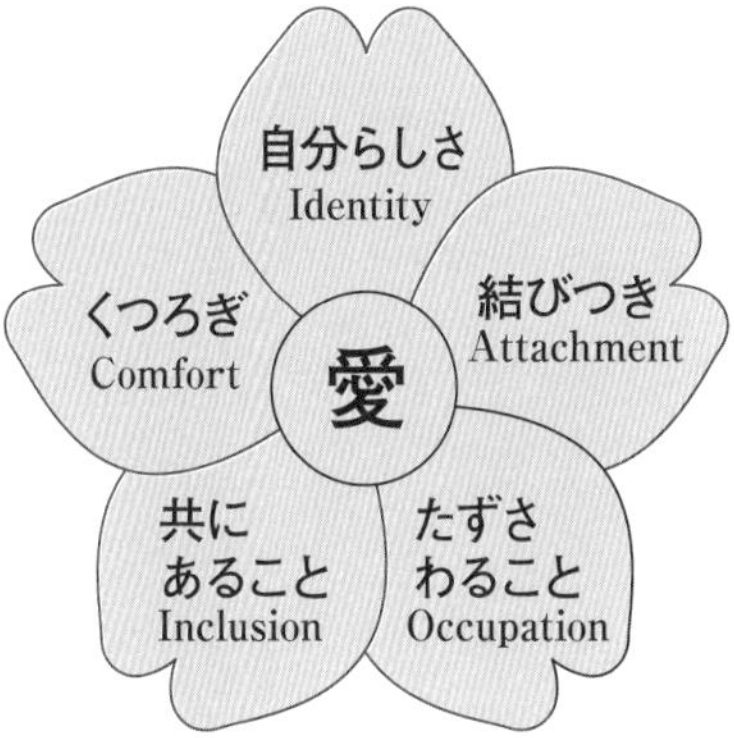

[レッスン]

感染症流行時のパーソンセンタードケア

２０２０年に発生した新型コロナウイルスは我々に感染症の脅威を見せつけました。感染症の予防対策下では、高齢者や認知症に関するケアは、非常に難しくなります。トム・キッドウッドの花が表す「愛」を中心とした「くつろぎ」「結びつき」「共にあること」「たずさわること」「自分らしさ」を満たすことが難しいからです。

例えば、スタッフがマスクをしていると表情がわかりにくく、笑顔で話しかけても、安心感は伝わらないかもしれません。飛沫感染を防ぐためとはいえ、正面ではなく背後から話しかける行為は、本当に寄り添っているといえるのでしょうか。

感染予防の観点からは、このような対処は正しいといえます。しかし、高齢者ケアや認知症ケアを含めたトータルケアの観点では、少し工夫が必要かもしれません。感染症の流行時には、やすらぎや安心感をもたらすために「マスクに笑顔のイラストを描いてみる」など、もっと「くつろぐ」ためのアイデアを考えたり、「結びつき」を感じられる工夫をこらすことが重要です。

第4章

在宅復帰

キザミ食でトラブル発生

ばあちゃんは「そよ風」でのリハビリを順調に終え、自宅に戻ることになった。週5日の温泉デイサービスと、週1回の訪問介護を利用する在宅介護の生活が始まった。ばあちゃんは「また温泉に通える」と喜んだ。1日に何回も「明日は温泉か？」とデイサービスの予定を聞いてくるばあちゃんに、私と母はうんざりしながらも、その都度答えていた。母がもっとも気にしているのは、ばあちゃんがまた心肺停止になることだった。「一度死ぬかもしれないと覚悟したんやから、そのときは、そのときでええやん」

薄情な言い方かもしれないが、母には何度もこう言い聞かせていた。ただし、実際にばあちゃんが心肺停止になったら、うろたえるに違いないが。

デイサービスに復帰したばあちゃんは歓迎されているようだった。デイサービスでは、嚥下機能が十分に回復していないばあちゃんに配慮して、キザミ食が提供されていた。私と母はデイサービスからはなんの報告もなかったため、すべて順調にいっていると思っていた。

ところが、ある日のケア会議で驚くべきことを知った。ケア会議とは、介護サービス事業者の担当者が集まり、介護サービスについて意見交換や調整を行う場だ。我が家は、デイサービスと訪問介護を利用しているため、双方の業者、ケアマネジャー、ばあちゃん、母、私というメンバーになる。

口火をきったのは、温泉デイサービスの田口さんだった。

「じつは後本さん、毎回デイに来るたびに、食事のことで怒っていらして」

「えっ、なにをそんなに怒ってるんですが」

「後本さんの食事をキザミ食にしたので、他の利用者の方とおかずの見た目が違うんですよ。入っているものは、ほとんど同じなんですけど、いつも青物（野菜）が入っていないって怒られるんです」

「そうなんですか。よくしていただいているのにすみません」

私は座ったまま頭を下げた。

「他の利用者の方も、なんで後本さんだけ青物が入っていないんだ、とお怒りになるんですよ。毎日その繰り返しで。後本さんは、食事にはかなりこだわりをもっていらっしゃるようですね」

「若い頃、病院の調理師をやっていたんですよ」

私と母は目を見合わせて相槌を打った。

現在、ばあちゃんは日中の大半をデイサービスで過ごしている。デイサービスでの様子は知らなかったが、家ではわりと穏やかに過ごしていて、「ばあちゃん、穏やかになったもんだね」と母と話していたところだった。まさかデイサービスでトラブルを起こしていたとは。

「一度、その様子を見にいってもいいですか」

「もちろん、どうぞ」

見学当日、私は昼食前に訪問した。私は入口にいたスタッフに挨拶し、デイルームへ向かった。デイルームをのぞくと、ばあちゃんが細長い大きなテーブルに座っていた。「コスモス」のような緊迫した雰囲気はなく、ばあちゃんの表情は緩んでいた。

「なんや、穏やかにやってるやん」

なにかが起こりそうな雰囲気はなかったが、ばあちゃんに声はかけず、背後からしばらく見ていることにした。各人に食事が配膳されると、ばあちゃんは自分の食事と他人の食事とを見比べ始めた。穏やかだった表情がいつの間にか渋い表情に変わっていた。いよいよ始まるのか。

「ちょっと、あんた」

ばあちゃんは、そばを通りかかったスタッフにぶっきらぼうに声をかけた。

「私のだけ、なんで青物が入っとらんの?」

ばあちゃんは顔をしかめ、訴えかけるように口を開いた。

「ああ、後本さん。後本さんは、キザミ食なので細かく刻んでいるだけですよ」

スタッフはにこやかに答えた。

「ふん、私だけ、そんななんとか食にして」

ばあちゃんは、ふくれっ面を隠そうともしなかった。周りの利用者は、ばあちゃんに同情の眼差しを向けた。

「後本さんにも、ちゃんと青物を入れてあげて」

「そうや、そうや。皆、同じにせんといかん」

周りの加勢もあり、ばあちゃんはそれ見たことかと、勝ち誇った表情をスタッフに向けた。

「ちゃんとしてくれんと困る」

私は居ても立ってもいられなくなってばあちゃんに駆け寄った。ばあちゃんは座ったまま、ぬっと顔を上げた。

「ユウ、来とったんか。風呂に入りにきたんか。ここの風呂はタダやからな」

「なに言ってんの。ちゃんとお金払ってるよ」

私はすかさず訂正した。

「それより、ばあちゃん、食事のことやけど、ばあちゃんが倒れて入院してから飲み込みが悪くなったから、食べやすい食事にしてくれてるんやで。文句言わんと、感謝せなあかんやん」

私にたしなめられ、ばあちゃんはきょとんとした様子だった。そして、しぶしぶ箸を取って食べはじめた。

全力でたこ焼き作り

「今日の食レクは、たこ焼き作りですよ」

昼食が終わりに近づいた頃、スタッフのひとりが大声で全員に呼びかけた。

「食レク」とは、食事のレクリエーションのことで、食事を作って食べるという楽しみと、指や手を器用に動かしたり、手順を考えたりすることで、脳に良い刺激を与えるという効果がある。

「今日は、ひと仕事やな」

ばあちゃんがぼそりと呟いた。そのときはまだ、この言葉の意味がわからなかった。

3時のおやつタイムが食レクになるとのことだったが、そこまで長居をするのもどうかと思い、帰ろうとしたら、介護スタッフに引き留められた。

「食レクになると、後本さんはすごく張り切って参加されるんで、よかったらもうちょっと見ていかれたらと。食レクは時間がかかるので、もうすぐ始まりますから」

せっかくなので、食レクも見ていくことにした。利用者が作るといっても、お膳立てするのはもちろんスタッフだ。デイルームの空きスペースに新しいテーブルが設置され、小麦粉や卵など材料が入った容器、泡だて器、たこ焼き器などが並べられていた。まるで料理番組のようだ。スタッフが作り方を説明していたが、話が終わる前に、ばあちゃんはそそくさとスタッフに近寄っていき、スタッフに取って代わった。ばあちゃんは背筋をしゃんと伸ばし、全員を見た。

「私は、長年、大学病院の調理師をしていました。皆、私に従って」

ばあちゃんは、誇らしげに宣言した。誰も反論する様子はなかった。私は恥ずかしくてたまらなかったので、横やりを入れた。

「ばあちゃん、そんな余計なこと、言わんでいい」

「では、始めます」

ばあちゃんはすました顔で言い放った。そこへ、ばあちゃんのことを自分の姉だと勘違いしている柴田さんが現れた。

「姉さん、帰ってきてくれたんやね」

柴田さんは親しみがこめられたかわいい声で話しかけた。

「ふん、私は長女やけど、あんたの姉さんやない。弟や妹はたくさんおるけど、あんたみたいなのは、おらん」

ばあちゃんは冷たくあしらった。

「姉さん、そんなこと言わんで。私も手伝うよ」

「ふん、ボケとる人の手伝いはいらん」

ばあちゃんも同じ認知症なのだが、そんなことはお構いなしに、柴田さんの手を振り払った。柴田さんは泣き崩れ、スタッフに手を取られ、奥の席へと連れていかれた。

「とんだ邪魔が入ったが、気を取り直して仕事に戻りましょう」

ばあちゃんの表情がきりっと引き締まった。

どうやら、たこ焼き作りはばあちゃんの仕事になってしまっているようだ。厳しい表情で全体を眺め、ばあちゃんは指示を出しはじめた。その姿に大学病院で調理師をしていた若かりし日のばあちゃんが重なった。ばあちゃんは毎日、当時の流行りのかっちりしたスーツに身を包み、カネボウの一番いい化粧品でメイクをして、颯爽と自転車に乗って大学病院に通っていた。定年後は、うどん工場で働くようになり、そこでリーダー格としてバリバリ働き、年齢を感じさせない働きぶりをよく褒められていた。

「それは、違う」

ばあちゃんは、たこ焼きにネギを振りかけようとしていた人の手を止めた。ネギの振りかけ方にもこだわりがあるようだ。スタッフはなんとかたこ焼き作りを順調に進めようと間に入って手助けをしている。

「あんた、そんなんじゃ、調理師としてやっていけないよ」

どうやら、ばあちゃんは調理師を指導する立場にあるらしい。

「はい」

言われた人も素直に返事をしている。

「養成所の規則に従って」

（養成所？　いったい、ここはどこなんだろうか？）

私は利用者にもスタッフにも頭を下げて謝り続けた。しかし、調理が終わって、たこ焼きを嬉しそうに頬張るばあちゃんを見たら、すべて許せる気になった。

「大阪人はたこ焼きや」

みんな、顔を見合わせて笑っていた。

「そんなことを言って、富山の「鱒の寿司」を食べるときは、富山人になるんやろう」

ばあちゃんを茶化してみた。

「当たり前や」

ばあちゃんは、デイサービスでもやりたい放題であったが、人気者のようでもあった。

「認知症になっても自分らしく生きるとは、こういうことなのかな」

ばあちゃんはまだまだライフワークに取り組んでいる様子だ。私は車のエンジンをかけながら、ふむふむとひとりで納得していた。ばあちゃんの様子を早く母に話したくてしかたなかった。

［レッスン］

認知症の人がいきいきと暮らせる介護術

1 できることはやってもらう

認知症の人が自立した生活を送るには、周りの人が本人に残っている能力を引き出すように接することが重要です。例えば、認知症の初期段階では、薬の管理が難しくなることがあります。その際、家族が薬の管理をすべて行うのではなく、「お薬カレンダー」を用いて、本人が自分で薬の管理をできるようにします。また、住環境が変わると、トイレの場所がわからなくなる場合があります。このような場合には動線に貼り紙をして、ひとりでもトイレにたどりつけるように工夫をします。

2 手続き記憶を活かす

認知症の人は「料理の食材を切る」、「編み物をする」といった体が覚えている記憶はきちんと残っています。これを「手続き記憶」といいます。認知症になるとなにもできなくなると思われがちですが、手続き記憶は残っており、すべての作業はできなくても、部分的な作業は行うことができます。例えば、料理の全工程はできなくても、野菜を洗ったり、食材を切ったりといった一部の工程は行うことができます。

3 役割を持たせる

「認知症だからなにもできない」というわけではありません。認知症の人でもなにか役割を持たせることで、誰かの役に立っているという自信を持つことができて気持ちが前向きになります。

祖母は昔から人と交流するのが得意で、今もコミュニケーション能力はしっかりと残っており、人と会話していると気の利いた言葉が不思議なくらい出てきます。人との交流が得意な人は、イベントで受付や案内を任せると楽しそうに役割を果たしてくれます。本人の個性を活かすことで、認知症があってもボランティア活動などを通じて社会参加が可能なのです。

4 ノーマライゼーション

日本の福祉政策や認知症対策は、現状では発展途上の段階です。障害者福祉のスローガンである「ノーマライゼーション」の考え方は非常に重要です。ノーマライゼーションとは障害者、高齢者、社会的マイノリティといった人たちが差別されることなく、すべての人が当たり前の生活を送ることができる社会を作っていく考え方です。例えば、エレベーターやスロープがないと、車椅子の人は学校や会社に通うことができませんが、設備が整っていれば通うことができます。

認知症になると、日にちや曜日の感覚がなくなり、ゴミ出しの日がわからなくなってしまうことがあります。そうすると、ひとり暮らしが難しくなり、施設に入るよう勧められる場合があります。しかし、ゴミの回収が現在のように決められた曜日とルートで行われるのではなく、どんなゴミを出してもいつでも回収してくれる仕組みがあれば、認知症の人でも問題なくひとり暮らしができるのです。すでに高齢化社会に突入している日本は、高齢者のニーズに合わせて社会制度やインフラを整備することを考える時期にきているでしょう。

弟がやってきた

ばあちゃんの弟の長次郎、通称「ちょうさん」がやってくることになった。ちょうさんは、東京に住んでいる。ばあちゃんが認知症になったと聞いたちょうさんは、ばあちゃんが自分のことがわかるうちに会っておこうと思ったようだ。

私が中学生の頃、大阪で「花の博覧会」が開催され、ちょうさんら兄弟がうちにやってきて、たらふく酒を飲んでいたのをよく覚えている。ばあちゃんの家系には大酒飲みが多く、酒をもって客人をもてなす文化がある。

ちょうさんがやってくると言うので、母はなにを準備したらよいものかと、そわそわしていた。確かに、めったに会わない親戚に会うのは気を遣うものである。

「ばあちゃんの弟やし、そんな、気を遣わんでええんちゃう。酒さえ出しとったらええんちゃうの?」

私はちょうさんのことをよく知らないのだが、母の緊張を和らげようと適当なことを言ってみた。


いよいよ、ちょうさんがやってくる当日となった。

ばあちゃんは、ちょうさんが来ることを何度言っても忘れてしまうのだが、実際にちょうさんと対面すると満面の笑みを浮かべた。ちょうさんは、ばあちゃんをそのまま男にしたような風貌で、見ているだけで私はなんだか愉快だった。

ばあちゃんは認知症だと感じさせないほどしっかりと会話ができていた。若かりし日の記憶が脳を刺激するのか、ばあちゃんの言動がはっきりしている。長女として弟の面倒をみていたときの記憶がよみがえっているのかもしれない。絶え間なく昔話に花を咲かせるふたりの様子を、私たちは見守った。

「随分、しっかりしているじゃない」

酒のせいで顔を赤らめたちょうさんは、騙されたような顔を私と母に向けた。

「人が来ると、しっかりするんですよ。取り繕うのもうまいし、認知症って不思議な病気なんです」

「思ってた様子と違って安心したよ。姉さんは変わっとらん」

ちょうさんはニコニコしながらそう言った。

「そうそう、せっかくの機会やから、ばあちゃんの若い頃を教えて」

「ええよう」

ちょうさんは、昔を懐かしむように淡々と話しはじめた。

「姉さんはな、長女やったから妹や弟の面倒をよくみたんじゃ」

それは知ってる。

「でも、負けん気が強くてな、強情で、豪胆で」

ああ、それも知ってる。

「他人には愛想がいいんだが、身内に厳しくて」

そうそう。

「他人への礼なんかは上手に言うんや」

ほんと、ほんと。

「結局、自分中心の人や」

私と母は、ちょうさんの言うことにただただ頷いていた。強情で自分中心な姉でも、わざわざ遠くから会いにきてくれるんだから、きっと私たちが知らない心優しい一面があったに違いない。

「人のこと、言いたいように言うな」

振り向くとばあちゃんがしかめっ面をしていた。

母は頃合いを見て引き上げたが、私は夜更けまでちょうさんの話に耳を傾けた。

[レッスン]
本人のことをよく知っておこう

家族であっても、本人の昔のことは意外と知らなかったりします。過去のつらい体験を若い世代には伝えたくない人もいるようです。
認知症の不可解な行動が、本人の過去の体験にもとづいている場合があります。

例えば、幼少期や青年期に戦争体験をしていれば、そのときの体験が急によみがえり、周りが火の海であると言ったり、空爆から逃げる素振りをしたりすることがあります。また、軍需工場などで繰り返し行っていた作業を真似ることもあります。

本人の過去を知る機会があれば、本人の若い頃の体験や、印象深い出来事などを聞き、今後のケアに活かしていきましょう。

ばあちゃんが誘拐された？

年の瀬も押し詰まった年末のある日、その出来事は起こった。

私は買い物の帰りにベビーカーを押しながら、ばあちゃんの家へと向かった。通りの角を曲がると、ばあちゃんの家の前に黒い軽自動車が停まっているのが見えた。50歳くらいと思われる男女ふたりがなにやら慌ただしく車の周りをうろついている。

女性は、ばあちゃんの杖やカバンを引ったくるようにして奪い、助手席に放り込んだ。

男性は後部座席にばあちゃんを押し込んだ。

ふたりはきょろきょろと周りを見渡すと、急いで車に乗り込んだ。私はベビーカーを押す手に力を入れ、ぐいぐいと車に向かって走り出した。しかし、車はエンジンをふかし、逃げるようにその場を去っていった。さびついた門は、わずかに開いており、伸びすぎたアロエの植木鉢に、ばあちゃんの紫色のハンカチが引っかかっていた。私はそのハンカチを拾って、砂をはたき落とした。

（まさか、誘拐？）

すぐさま母に電話した。

「身代金も期待できひんのに誘拐はされへんやろう。健康器具の販売会とかに連れていかれたんとかちゃうか」

「あぁ、そうかもね。たぶんそんな感じやろうな」

ばあちゃんはかつて健康座布団の体験販売に連れていかれたことがあった。私は電話を切ると窓の外を眺めた。駐車場の柱に○○党の候補者の写真が貼られたベニヤ板が打ちつけられているのに気がついた。

（うちは○○党を支持していないのに、誰がこんなこと）

私は腹立たしさを覚え、外に出てベニヤ板を外そうとした。しかし、ベニヤ板は釘で強く打ちつけられていて、簡単に外すことができなかった。私はベニヤ板を外すことを諦めて、玄関先を掃除することにした。ばあちゃんの家の玄関先は、吹きさらしで、落ち葉が埃をからめとるように積もっていた。訪問介護のヘルパーの仕事には玄関先の掃除は含まれない。私はその落ち葉を箒で掃きながら、ばあちゃんが帰ってくるのを待った。猫のチロが玄関先で、うろうろと行ったり来たりしていた。落ち葉の掃除が終わると居間に戻った。消えている電気ストーブの周辺はまだほのかに暖かかった。私は電気ストーブをつけ、床に散乱したごみなどを拾いながら、さらにばあちゃんを待った。

1時間ほど待った頃、玄関の扉がガランと開く音がした。チロが急いで玄関まで走っていく。

「あっち行け」

ばあちゃんは、杖でチロを払いのけた。

「ばあちゃん、どこ行っとったん？」

ばあちゃんは、待ってましたとばかりに口を開いた。

「ちょっと、ここでは話せんから中で」

ばあちゃんは、そう言うと、のしりのしりと歩き出した。ばあちゃんに寄ってきて、足元にからみつくチロをおぼつかない足で追い払った。チロはニャンと小さい声をあげ、電気ストーブのほうへ逃げていった。

「もう、チロに優しいしたりや」

「こいつは猫の分際で調子にのるからや」

「それで、どこに行ってたん？」

「○○党の人らに、無理やり選挙に連れていかれたんや。足が悪いから連れていったるって、言われて」

「もしかして不在者投票？」

「そんなやつや。この名前を書け書けって言われて、役所に連れていかれて、無理やり書かされたんや」

「ひどいなー、選挙なら私が連れていったるのに」

チロは奥の寝室に歩いていった。チロはばあちゃんのベッドに飛び乗り、分厚い毛布に身をうずめた。

「こいつ、調子に乗っとるな」

そう言うと、ばあちゃんはニヤリと笑って、近くにあったハサミを手に取り、寝室に入っていった。毛布にうずくまるチロの首ねっこをつかむと、なんとチロの左頬の白いひげを3本ブチンと切ってしまった。

「ちょっと、なにすんのよ。かわいそうやんか。猫のひげは猫にとって重要やねんで」

「調子に乗っとるから、おしおきや」

ばあちゃんは、ヒッとほくそ笑むと踵を返し、居間のストーブの前の座椅子に腰を下ろした。

数日後、ケアマネジャーの佐藤さんが打ち合わせにくるというので、私はばあちゃんの家で佐藤さんを待っていた。扉がガラガラと開く音がしたので、私は出迎えようと玄関に向かった。しかし、そこにいたのは佐藤さんではなく、例のばあちゃんをさらっていった女性だった。

「これ、後本さんに。選挙でお世話になったから」

女性は国産の赤ワインを私に差し出すと、にんまりと笑った。私は唖然として、一瞬突っ返すこともできなかった。女性は私にワインを渡すと、さっさと玄関から出ていこうとした。私は我に返り、閉まりかけた扉に右手を差し入れ、押し開けた。

「ちょっと、これって選挙違反では？」

すると、女性の表情が一変した。

「こっちは後本さんに頼まれたから、連れていってあげただけです」

女性はそう言うと逃げるように去ろうとする。私は女性を追いかけ、肩をつかみ、赤ワインを突っ返した。女性はふんっときまりの悪そうな表情を私に向け、勢いよく歩き去っていった。

「ユウさん、どうかしたんですか」

女性と入れ替わるように、大きなバッグを抱えたケアマネジャーの佐藤さんが現れた。

私は政治がらみの話なので、外で話すことを躊躇した。

「どうぞ、どうぞ」

佐藤さんを居間に通した。居間では、ばあちゃんが座椅子に座って電気ストーブに手をかざしていた。

「誰じゃったかいな」

ばあちゃんは目の前の佐藤さんのことをすっかり忘れていたが、それを取り繕う様子もなかった。

「ケアマネジャーの佐藤さんやろ?」

私は先ほどの女性のことを誰かに聞いてもらわずにはいられなかった。

「じつは……」

事情を説明すると、佐藤さんも顔をしかめた。

「高齢者が騙される話はよく聞きますが、そんなこともあるんですね。認知症の人を騙すなんて」

「そう、認知症の人の弱みにつけ込むなんて、ひどい。強引に連れていかれて、候補者の名前書かされて。そんなん、ひどすぎる」

私と佐藤さんは意気投合し、ばあちゃんの様子をうかがった。

「ばあちゃんだって、ずっと支持してきた政党があるよなぁ」

すると、ばあちゃんがぼそりとつぶやいた。

「腹立つし、違う名前書いた」

「えっ？　今なんて？」

「腹立つし、違う名前書いた。じいちゃんは△△党やったしな」

わたしと佐藤さんは顔を見合わせて、吹き出した。

「それでこそ、ばあちゃんや」

「後本さん、すごいですよ。違う名前をちゃんと書いてくるなんて」

私たちは見直したとばかりにばあちゃんを誉めちぎった。と同時に私は犯罪に加担しそうになったことを振り返った。

「危うく、ワインを受け取ってしまうとこやったわ」

「ワイン、もらっとけばよかったのに。レモン酒と一緒にばあちゃんが飲むのに」

ばあちゃんは私を小馬鹿にした口調でそう言った。レモン酒だけでも情緒不安定になって大変なのに。

「ただでさえ、ひどい酔っ払いやのに、そんなチャンポンあかんわー」

したたかに生きてきたばあちゃんは、認知症になってもそのままだった。それが、なんだかちょっと嬉しかった。

デイサービス親善大使のお仕事

ケアマネジャーの佐藤さんはいつものように介護サービス計画書について説明し、私はそれに印鑑を押した。

「それとじつは、後本さんにお願いしたいことがあって」

会話に加わることができないでいたばあちゃんが、佐藤さんをギョロリと見た。

「じつは、温泉デイサービスに行ってもらいたいのに、絶対行かないって言い張ってる方がいるんです。ちょうど、後本さんと同じくらいの人で」

詳しい話を聞くと、この人はひとり暮らしで、あまりお風呂に入っていない様子で、そのことに気づいた息子夫婦が佐藤さんに相談してきたということだった。

「体験すら行ってくれないんですよ」

いつになく佐藤さんの声のトーンが低い。

「それでは家族も大変ですよね。うちはたまたま、ばあちゃんがお風呂好きで助かったけど、普通は認知症だとお風呂を嫌がりますものね」

ばあちゃんは話の筋が飲み込めていないようで、私に助けを求めた。

「ばあちゃんの得意なやつや。温泉がどんなにええとこか、話したらいいだけや。社会貢献や」

ばあちゃんはなんとなく理解した様子だ。

「それは、仕事か?」

「仕事っていうか。まさか、お給料もらおう思ってんの?」

私の発言に佐藤さんがフフっと笑った。

「ボランティアや。えーっと、奉仕活動や」

横文字が苦手なばあちゃんにも理解できるように言い直した。

「なんや、奉仕活動か」

ばあちゃんは、がっかりした表情になった。

「ばあちゃんは、奉仕活動はいらんわ」

ばあちゃんは首を横に振った。

「もうー、佐藤さんが毎日温泉に行けるようにしてくれてんねんで。こんなにお世話になってるのに。温泉が、どんなにええとこか言うだけやで」

「わかった。しょうがないな、お安い御用や」

ばあちゃんは気が進まない口調のわりに、どこか嬉しそうにも見えた。

「温泉の親善大使やな」

私は半笑いで答えた。


後日、佐藤さんの車で私たちは4丁目のお宅に出向いた。表札には谷口と刻まれてる。谷口さんの家は外壁に光沢のある茶色のタイルが貼られており、昭和の雰囲気を感じさせた。

「こんにちはー」

佐藤さんの爽やかな声が家の中に響く。すると、娘さんらしき女性が出迎えてくれた。

「どうぞ、どうぞ、よろしくお願いいたします」

中に通され、私たちはぞろぞろと入っていく。

居間の座布団には、品のよい高齢の女性が座っていた。佐藤さんの話によれば、最近お風呂にあまり入っていないとのことだったが、そんな感じにはまったく見えない。

「介護サービスを利用している先輩が来てくださったよ」

娘さんが谷口さんの肩をそっと叩く。谷口さんは状況が呑み込めない様子で、首をかしげながら、こちらを見ている。

「谷口さん、今日はご紹介したい人がいまして、連れてまいりました」

佐藤さんが、ばあちゃんを紹介する。

「後本さんです」

「こんにちは」

ばあちゃんは得意の社交的な笑みを浮かべた。谷口さんもつられて微笑み返す。

「今日は後本さんが、デイサービスがどんなところかを教えてくださいます。後本さんは温泉のデイサービスが大好きで、毎日のように行っているんですよ。後本さん、お願いします」

佐藤さんに促されるも、ばあちゃんはなんのことかわからない。

「ばあちゃん、温泉がどんなにええとこか言うんやったやろ?」

「あぁ、そうじゃったな」

私がばあちゃんの背中を押す。

「温泉はほんまにええとこですよ。迎えにきてくれるしねえ。行ったら賑やかやし、家におるよりずっといいですよ」

谷口さんの表情がこわばり、重く口を開いた。

「そんなとこに私を連れていこうとして。そんなとこにお世話になんかなりとうない。ひとりで風呂に入れるのに」

すかさず、ばあちゃんが反撃に出る。

「私もひとりで風呂に入れるんじゃけどな、この年になったら、頭とか洗うのがおっくうでな。温泉に行ったら、頭も体も洗ってくれるから楽なんじゃ。自分でできることでも、他人にやってもらったら、気分がええもんや」

自分でできることは自分でやるべきと、と反論したいところだが、ぐっとこらえる。

「足の爪を切ってもらったり、マッサージもしてもらったりでな。極楽みたいなとこや。手もホレ、こんなキレイにしてもらったり」

ばあちゃんが、ピンクの下地にバラの花のネイルアートがあしらわれた爪を谷口さんに見せる。ばあちゃんの爪にバラの花なんて、ちょっとやりすぎだと思いながらも、静かに谷口さんの反応をうかがう。

ばあちゃんがきれいな爪を見せた瞬間、谷口さんの表情が一瞬パッと明るくなり、口元が緩んだ。ネイルアートに目を奪われたようだ。しかしそこで、娘さんが余計な横やりを入れてしまった。

「入れる、入れるって、全然お風呂に入ってないじゃないの？」

谷口さんがまたキツい表情に戻り、声を荒げる。

「ちゃんと風呂に入ってるよ。変なこと言うんじゃない。それに私は人がワイワイいっぱいいるところに行くのは好かんのよ」

ばあちゃんも食い下がる。

「いつも、そんなにワイワイやっとるわけでもないし、静かに入っとる人もおる。無理に行くとこでもないけど、うちの7丁目の人らも行きたい行きたいと言っとるんじゃけど、誰でも行けるわけじゃないらしい」

要介護認定のことを説明できないばあちゃんは、私に目配せして助けを求めた。

「市の認定を受けて認められた人しか温泉には行けないんですよ。谷口さんは行く資格があるんですよ」

私は谷口さんに優越感を持ってもらおうと言葉を選んだ。

「ふん、皆でうまいこと言って、私を姥捨山《うばすてやま》みたいなとこに連れていくんやろう」

谷口さんはなかなか素直に聞き入れてくれない。

「私はひとりで風呂に入れるから、帰ってください」

谷口さんは私たちを手で追い払う素振りをした。

「もう、せっかく来てくださってるのに、そんなこと言って」

娘さんの口調も段々荒々しくなる。

「無理強いするのもよくありませんので、これで失礼しますね。また、考えておいてください」

佐藤さんはがっかりした表情で帰りのあいさつを述べた。ばあちゃんと私はすごすごと玄関へと向かう。その途中で、ばあちゃんが大事なことを言い忘れたとばかりに振り返った。

「ご飯もすごくおいしいんじゃよ。豪華料理が出るんじゃ」

ばあちゃんは最後にそれだけ言うと、上がりかまちに腰をかけて靴を履いた。

「今日は、わざわざありがとうございました」

娘さんが深々と頭を下げる。

私とばあちゃんがゆっくり車に乗り込むと、佐藤さんは車を出した。

「行く気になってくれるといいですね」

私は佐藤さんを励ますつもりで言ったが、内心では望みは薄いと感じていた。

翌日、佐藤さんから私の携帯に電話がかかってきた。

「谷口さん、温泉デイに行ってくれることになりました。本当にありがとうございました」

佐藤さんの声のトーンがいつもよりさらに高い。

「へえ、よかったですねえ」

居間に座っていたばあちゃんに声をかける。

「ばあちゃん、谷口さん、温泉に行くことになったたって」

「谷口さんって誰じゃ」

「昨日、温泉のこと話しにいった人やん」

ばあちゃんは、一瞬きょとんとしていたが、真顔になった。

「あぁ、あの頑固ババアか」

ようやく思い出したようだ。

「ふん、そりゃそうや。こんないい話にのらんやつはアホや」

[レッスン]

認知症の人はなぜ入浴を嫌がるのか？

入浴を嫌がる理由

入浴は清潔を保つために大切な行為です。しかし、認知症になると入浴を拒否する場合があります。認知症の人が入浴を嫌がる理由にはいくつかあります。

認知症の人が入浴を嫌がる主な理由

◆入浴自体が面倒
◆服の着脱方法がわからない
◆湯につかる、体を洗うなどの手順がわからない
◆裸になるのが不安、恥ずかしい
◆異性にお風呂の介助をされるのが恥ずかしい
◆知能の低下から、子どものように入浴を嫌がる
◆服が盗まれないか心配
◆浴室で幻視が起きる
◆大量のお湯が怖い
◆蛇口のひねり方がわからない
◆身体障害のために入浴が困難
◆体調が悪い
◆昔から入浴が嫌い

入浴を嫌がった場合、どう対処すればよいのか？

1 本人に理由を聞いてみる

- ●会話の流れから入浴を嫌がる理由を探る
- ●本人の言い訳から頭の中にある入浴のイメージを想像する

2 介助の方法を考えてみる

- ●認知症になる前の入浴習慣（時間、湯温、使用物など）に合わせてみる
- ●安全かつ快適に入浴できる環境か、必要な補助用具は揃っているかを確認する
- ●体や頭を洗う行為、衣服の着脱の介助は最小限に（声かけでできることは自分でやってもらう）
- ●介護者が親しい関係になること。介助者は同性が好ましい
- ●プライバシーに配慮する（大浴場などではタオルで隠すなど）
- ●介護者が余裕を持って介助できるときに入浴する（焦らない、急かさない）
- ●リラックスできる音楽を流してみる

●介護サービスを利用する

3 入浴のメリットを伝える

●「お風呂のあとのビールはおいしいよ」

●「○○に行く前に、体をきれいにしておこう」

●「寒いのでお風呂に入って温まろう」

4 入浴の介助は一緒に入る姿勢で

●「一緒にお風呂に入ろう」

●「敬老の日だから感謝の気持ちを込めて背中を流すよ」

認知症の人に入浴してもらうためにもっとも重要なことは、人と人との対等な関係です。「入浴を嫌がる人」を「なんとかして入浴させる」というスタンスでは、入浴の問題はなかなか解決しません。重要なのは、「入浴が嫌」という気持ちに寄り添い、同じ目線で考えてみることです。そこから解決の糸口が見いだせるでしょう。

[レッスン]

認知症とおしゃれ

1 化粧療法

おしゃれをすると誰でも気分が盛り上がりますが、それは高齢者でも同じです。特に女性は自身の身だしなみには敏感です。化粧やスキンケアは気分を盛り上げたり、リラックスしたりする効果があります。ヘアケアやネイルアートなども同様の効果があります。化粧やスキンケアによって心身の健康状態の維持・向上を目指す「化粧療法」（メイクセラピー）というものもあります。化粧療法は認知症の人にも効果があると言われています。

2 思い出の詰まったアイテムは大切に

長く持ち続けている衣服やアクセサリーには持ち主の思い出が詰まっています。また、生きてきた証でもあります。思い出の詰まったアイテムは気持ちを安定させ、また若かりし頃の自分を回想する手助けとなります。

3 自尊心を高めてくれる

おしゃれをするとおのずと自己イメージが上がり、自尊心が高まります。認知症の人は日常生活での失敗が多く、自信をなくしがちです。落ち込んだときに、おしゃれは自尊心を取り戻す手助けをしてくれます。おしゃれをして、自尊心が高まると活動的になり、交流への意欲も高まってきます。

4 交流や自己表現の場をもたらす

おしゃれは自己表現の手段のひとつです。おしゃれをすると、そんな自分を誰かに見てもらいたいので、自然と交流の場へ足が向きます。いったん交流が始まれば、またそこへおしゃれをして出かけたくなり、外出の頻度が上がります。

5 認知症の人のおしゃれには支援が必要

認知症の人は、自分で買い物に行けなかったり、季節に合う服を選べなかったりするので、ひとりでおしゃれをすることができません。それでも、おしゃれを楽しむ気持ちはあります。祖母に新しい服を買ってあげると、とても喜んでくれます。

ただし、洋服を買ってあげるだけでは不十分で、洋服のコーディネートまで手伝いましょう。入院して気が滅入っているときでも、おしゃれなパジャマ、ひざ掛け、ピン留めなど、ちょっとした小物で気分が変わることがあります。

6 清潔を保つ

清潔であることは、おしゃれの基本です。不潔ではおしゃれはできません。しかし、認知症の人はさまざまな理由で清潔の保持が難しくなってきます。清潔を保持し、おしゃれを楽しむために、定期的な入浴、排泄の管理はきちんと行いましょう。

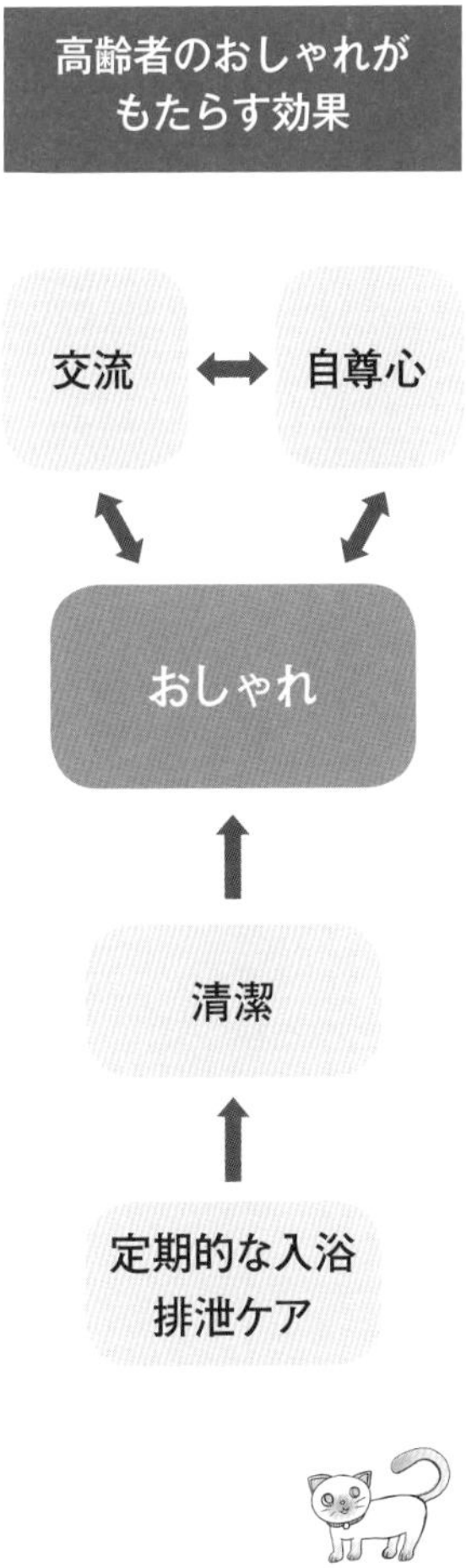

要介護認定がだんだん厳しくなる

　夕方、私はいつものように保育園から帰った息子の令人の洗濯物を持ってばあちゃんの家に向かった。もちろん令人も一緒だ。花壇に咲く花がきれいで、私が携帯で写真を撮っていると、横から令人がきゃきゃきゃっと笑いながら、花を摘みとろうとする。ばあちゃんはデイサービスから帰ると必ず洗濯物が出るのだが、ばあちゃんの洗濯物は少ないので、令人の洗濯物と一緒に洗濯するのだ。令人の洗濯物は小さいが点数が多い。高齢者の洗濯物と一緒に洗濯することを嫌がる家族も多いそうだが、うちはそこまで気にはしない。

　ばあちゃんの家に近づくと、ケアマネジャーの佐藤さんが玄関に手をかけようとしていた。

「佐藤さん、こっち、こっち」

　私は玄関の手前から大きな声で呼んだ。

「すみません、遅い時間に！　ちょうど通りかかったのと、お知らせしたいことがあって」

令人は私の手を振りほどいて、ばあちゃんの家の駐車場へちょこちょこと走り出した。

「どうしたんですか」

「じつは、要介護認定がどんどん厳しくなっているらしいんですよ。もうすぐ後本さん、認定の更新でしょう。私が調査員になればいいんですが」

私が住んでいる市では、要介護認定調査は、社会福祉協議会のケアマネジャーか、担当のケアマネジャーのどちらかが行うことになっている。どちらになるかは役所の差配だ。現在、ばあちゃんは要介護3で、限度額をギリギリまで使って、温泉デイを含む介護サービスを使っていた。介護度が下がって、温泉デイの日が減ってしまったら、温泉好きのばあちゃんはさぞがっかりするだろう。現実問題として、温泉デイがない日は、ばあちゃんは手持無沙汰になり、ばあちゃんを見守るために誰かの目が必要になる。そんなことになったら一大事だ。

「私は温泉デイで後本さんの様子を聞いておきますので、ユウさんは神経内科の先生のほうをお願いします」

「ええ、わかってます。今、ばあちゃんの障害者手帳の申請をしていて、これから、神経内科の先生宛にばあちゃんの状態を伝える手紙を書くつもりなので、認定調査の件も併せてお願いしておきます」

神経内科への受診の際、茂兄さんがいつも付き添ってくれるのだが、先生にばあちゃんの近況を詳しく伝えるために毎回私が手紙を書いて持たせていた。

要介護認定調査は準備がすべて。出たとこ勝負みたいになってはいけない。自分がかつて調査員をしていたときには「どうして聞いたことについて的確に答えてくれないのだろうか」と疑問に思ったものだった。しかしいざ、自分が介護者として要介護認定調査で答える側になってみると、介護の状況を正確かつ即座に答えることの難しさを痛感した。ましてや、介護について専門的な勉強をしていない人が、介護の状況を正確に答えることは至難の業であろう。

私も佐藤さんも準備万端で調査日当日を迎えた。私たちの心配をよそに調査員は佐藤さんになった。私と母、ばあちゃんの3人が佐藤さんと向かい合った。

「そう言えば、デイから帰ってきて、出迎えが間に合わないときは、近所を歩きまわって見つからないことがあるって言ってましたよね」

佐藤さんは、私たちが忘れていたことを思いだすように会話を導いてくれた。

「あぁ、そうですね。そのことは忘れてました」

母が頷きながら答える。私は自分のメモを見ながら一通り説明し、言い忘れたことはないだろうかと、天井を見ながら考えていた。

「だいたい言うことはそれくらいです」

準備しておいたことはすべて言い尽くした。

「特記事項もしっかり書いておきます。ほんとに介護度が下がらないといいですが」

不安はあったものの、調査員が佐藤さんになったので、言い知れぬ安心感が私と母の間に漂っていた。

「温泉に行かれへんようになることもあるんか」

私たちの心配がばあちゃんにも伝わったようだ。ばあちゃんは、話の内容はあまり理解できないが、人の感情には敏感だ。

「それはないよ。行けることは行ける。ただ、頻度の問題。えっと、行ける回数が減るかもしれへんということ」

ばあちゃんにわかるように言葉を選びながら答えた。

「やれるだけのことはやった。あとは神様に任せるしかない」

私が手を合わせながらそう言うと、ばあちゃんも真似をして手を合わせた。

「あぁ、ほんとにうまくいくといいですけどね。ほんと、私も祈るような気持ちです」

佐藤さんは温かい言葉を残し、その場を去っていった。

1カ月くらいしたある日、私はばあちゃんの家の周りを令人とともにぶらぶら散歩していた。ばあちゃんの家の前に1台のバイクが止まった。乗っていたのは佐藤さんだった。

「認定の結果、来ました？　もう配達される頃かと思いまして」

「まだです。でも今日、届いてるかもしれないですね。ちょっとポストを見てきます」

ポストを確認すると、緑色の封筒が入っていた。

「これですかね」

「たぶん、それですね」

封筒を開けて用紙を取り出す。なんと、用紙には私たちの心配とは裏腹に「要介護4」と記載されていた。

「よっ、要介護4」

用紙から目を上げ、佐藤さんと顔を見合わせた。一瞬、驚いて声も出なかった。私は力が抜けてへなへなとその場に座り込みそうになった。気を取り直し、冷静になって少し考えたあと、だんだん笑いが込み上げてきた。

「これっ、出すぎじゃないですか、介護度」

調査のときに、言い忘れがないようにと入念に準備した成果は、期待以上のものとなって返ってきた。

「ユウさんと私の頑張りが、天に届きすぎたようですね」

私も佐藤さんも気持ちが緩み、その場でお腹をかかえて笑い続けた。

[レッスン]

なぜ介護度は変わりやすいのか

1 設備や環境で変わる

介護度は実際の身体機能を表しているのではなく、介護の手間、介護の必要度を表しています。施設の設備がよいと、介護の手間が少なくなります。したがって、設備が充実している施設にいるときに認定調査を行うと、介護の手間が少ないと評価され、介護度が低く出てしまうことがあります。

2 ケアの方法で変わる

高齢になると年齢とともに心身の機能が低下していくと思われがちですが、ケアやリハビリがよいと機能が向上することがあります。身体的ケアだけでなく、心理的ケアでも変わります。実際、声のかけ方を優しくすると、認知症の周辺症状（暴言、暴行など）が少なくなることがあります。

3 要介護認定調査での説明内容で変わる

実際のところ、介護度は認定調査のときに家族が現在の介護の状況をきちんと説明することができるかどうかにかかっています。私はかつて調査員をしていましたが、いざ調査される側になると、言うべきことを忘れてしまうことがあります。どの質問にどんなことを答えたらよいのか、事前に準備をしておきましょう。

4 ケアマネジャーの後方支援があるか

適切な介護度を出すには、ケアマネジャーの後方支援が不可欠です、担当のケアマネジャーが認定調査を行うこともありますが、そうでない場合もあります。別の調査員の場合は、ケアマネジャーに立ち会ってもらい、説明の補足をしてもらいましょう。

5 主治医で変わることも

主治医が認知症の専門医でない場合、介護度が低く出てしまう場合があります。できれば認知症の専門医にかかり、主治医としてかかわってもらいましょう。要介護認定の更新時には、介護のどんなことに手間がかかっているのかを主治医に詳しく伝えるようにしましょう。

6 調査員の聞き方でも変わる

調査員の質問が棒読みだと、答える側も答えづらいものです。逆に、回答例をいくつか挙げてくれると、答えやすくなります。また、調査員が新人かベテランか、人当たりがいいか悪いかでも、答えやすさが変わってきます。話し上手な調査員が来てくれればありがたいのですが、いつもそうとは限りません。大切なのは、どんな調査員であっても、必要なことをきちんと伝えられるように準備しておくことです。

7 介護度に納得できないときは

まずは、必要な介護サービスがその介護度で足りるかどうかを確認しましょう。介護度が高ければいいというわけではなく、介護度が低いと利用料金が安くなる場合があります（ケアマネに相談）。介護度を変更したい場合は、不服申し立てができますが、手続きや審査に時間がかかるため、介護度の区分変更申請を勧められることが多いようです。判定結果に納得がいかない場合は変更申請を行いましょう。

ケアマネジャーが変わる

要介護認定調査が終わったあと、ケアマネジャーの佐藤さんが市内の別の事業所に転勤することになった。佐藤さんは、ばあちゃんが認知症と診断される前から、なにかと力を尽くしてくれた人である。こんなに完璧なケアマネジャーにはもう出会えないだろうと思うと、とても残念だった。そんな私たちの気持ちをよそに、ばあちゃんだけは平然としていた。佐藤さんの存在もばあちゃんの中では今ひとつ定着していない様子だった。ばあちゃんはヘルパーやデイサービスのスタッフなど複数の関係者を識別するのが難しくなっているようだ。

後日、前任の佐藤さんに代わる新しいケアマネジャーが決まった。新しいケアマネジャーの最初の挨拶には母が対応した。挨拶が終わると、母は私のところにやってきた。

「今度のケアマネさんは兵頭さんって言うんやけど、兵頭さんは元看護師さんやって。佐藤さんとはまた雰囲気が違って気さくな面白い人やわ。ちょっとそそっかしいところがありそうやけど、そこがまた愛嬌って感じの人やねん」

「へぇ、会うのが楽しみやわ」

ケアマネジャーがばあちゃんの家を訪問するのは、毎月第1木曜日と決まっていた。私もたまたま木曜日が休みだったので、その日の朝、ばあちゃんの家に出向いた。兵頭さんは10時に訪問するとのことだったが、15分ほど過ぎても現れない。事業所に電話してみると、忘れていたとのことだった。

しばらくすると兵頭さんはバイクを飛ばしてやってきた。

「すみませんでした。もう月が変わってるとは、まったく気づきませんでした」

この言い訳からして、すでにどこかおかしい。兵頭さんはちょっと天然ボケが入った、つかみどころのない人だった。しかし、いろいろ話してみると、看護師の経験が豊富なだけあって、ばあちゃんの状態の把握も的確だし、ばあちゃんの自立度からどれくらい介護に手間がかかるかもよく理解していて、さすがだなと感心させられた。ばあちゃんと接するときも、目線を合わせ、表情豊かに接してくれる人情味のある人だ。

ケアマネジャーは毎月、利用者のもとに訪れ、本人の病院受診や外出の予定を確認して、ケアプランを立てる。今日は病院受診日の確認のあと、ばあちゃんの最近の様子について質問された。母と私がそれに答えた。

「ヘルパーさんが来る日はデイサービスがないんですけど、それでもばあちゃんは外でデイサービスの車が来るのを待つんです。すると、今度のヘルパーさんは母に電話をかけるんです。外にいるばあちゃんが家に入らないと掃除ができないので、中に入るように言ってくれないかと」

新しいヘルパーに母は不満を持っていたが、そのことを母は言い出しにくそうだったので、私が代弁した。

「そうなんですか。どうしてヘルパーは自分で後本さんに家の中に入るように言わないんですかね？」

兵頭さんも不思議そうに答えた。

「そうなんですよ。ヘルパーさんは、自分が言ってもばあちゃんが聞かないというんですが、ヘルパーさんも専門職なんだから、ばあちゃんがどうやったら家に入るか、考えてほしいんです」

私は正直に自分の思いをぶちまけた。

「ほんとにそうですね。」

兵頭さんも深く頷いた。

「ヘルパーさんが言うには、本人が在宅じゃないと掃除ができない決まりなんだそうです。でも、ばあちゃんは家の敷地内にいるので、在宅扱いでいいと思うんです。家の敷地の外に出ているわけではないので。それでも、ヘルパーさんはばあちゃんを家の中に入れるために、母を呼び出すんです。介護負担を減らすために介護サービスを使っているのに、これだと介護負担は減らないし、おかしくないですか」

不満を言い出したら、これまでの不満が次々と口から出てくる。

「それは、大変ですね。私からヘルパーステーションに話しておきます」

母はなるべく角を立てたくないという顔をしていたが、私は兵頭さんがすぐに行動を起こしてくれそうなので、話してよかったと思った。

［レッスン］

優秀なケアマネジャーとは？

優秀なケアマネジャーとはどんな人なのでしょうか？

ケアマネジャーといっても、新人からベテランまでさまざまで、資格や経験も異なります。ここでは、私の経験にもとづいて、優秀なケアマネジャーの条件をいくつか紹介します。あくまで、私見ですので、ご参考までに。

1 利用者の希望に応じようと努力する

優秀なケアマネジャーは「ご飯がおいしいところ」、「ショートステイも可能」といった利用者からの希望があれば、それに応じたサービスを探して、提案してくれます。普段から、他の専門職との連携や地域のネットワークづくりに努めているケアマネジャーほど質の良いサービスに精通しており、適切な選択肢を提供することができます。

2 専門的なアドバイスがきちんとできる

ケアマネジャーになるには、医療、看護、リハビリ、介護、福祉のいずれかの実務経験が必要です。保有している資格を活かせるケアマネジャーは優秀なケアマネジャーの可能性が高いです。例えば、うちのケアマネジャーは元看護師なので、病院や病気のことを十分に踏まえてプランを立ててくれます。

3 適切な介護度に認定されるよう気を配っている

優秀なケアマネジャーは、要介護認定調査の際、介護サービス利用時の様子や家族の介護の手間について把握し、調査票にきちんと反映されるように努力してくれます。また、認定調査時に立ち会ってくれて、認定結果が出たあとも、介護度は適切か、サービスが十分足りているかなどを気にしてくれます。家族が介護サービスが足りていないと感じる場合は、介護度が低く出ている可能性があります。

4 利用者の趣味やライフワークを踏まえてプランを立てることができる

優秀なケアマネジャーは、利用者の趣味やライフワークを踏まえてプランを立てることができます。例えば、麻雀が好きな人にはレクリエーションに麻雀があるデイサービスを、料理が好きな人には食事のレクリエーションがあるデイサービスを提案してくれます。

5 公平な視点でサービスを提案する

ケアマネジャーが所属する居宅介護支援事業所を経営する業者は、たいてい介護サービス事業も行っています。自社の利益のために自社のサービスを優先的に紹介したくなる気持ちもわかりますが、公平な視点で他社のサービスを提案できることも重要なポイントです。

6 家族や本人の生活が快適になる提案ができる

「病院の受診日はデイサービスが中途半端になるので、利用せずに他の日にまわすよう手配する」、「家族のリフレッシュのためにたまにはショートステイを提案する」、「必要な住宅改修について提案してくれる」といった気の利いた提案ができるケアマネジャーは優秀です。

7 親身になってくれる

利用者やその家族のことを親身になって考えてくれているかどうかは、普段の仕事からはなかなかわかりません。しかし、本当に親身なって考えてくれているケアマネジャーは、徘徊で行方不明などのトラブル時に、一緒になって探してくれます。

8 経済面への配慮ができる

高額介護サービス費支給制度や要介護者の障害者控除など、経済的負担が軽減される制度の知識を持っている。

9 質のよい在宅医を知っている

人生の終末期について、早い段階からケアマネジャーと一緒に考えることが重要です。救急車を呼んでの蘇生→過剰な投薬と処置→延命治療の繰り返し→寝たきり、という人間らしい生活が営めない状態になって最期を迎えるのは避けたいものです。自宅から近く、看取りの経験が豊富で、良心的な在宅医を知っているケアマネジャーだと心強いです（地域によっては難しい場合もあります）。

以上、優秀なケアマネジャーの条件をいくつか挙げましたが、事前にケアマネジャーを調査したうえで指名することは現実的には難しいでしょう。まずは、地域で評判のいい居宅介護支援事業所を探すことをお勧めします。口コミ情報が得られないときは、管轄の地域包括支援センターを訪ねてみましょう。

また、担当のケアマネジャーを変更したい場合は、事業所に相談してみましょう。もしくは事業所自体を変更することも可能です。言い出しにくい場合は、管轄の地域包括支援センターに相談してみましょう。

家に手すりをつけたい

ケアマネジャーの兵頭さんは、毎月第1木曜日にばあちゃんを訪問する。ケアマネジャーの訪問日には、できるだけ私と母のふたりが立ち会うようにしている。今日は以前から考えていた介護保険の住宅改修費の支給について聞いてみようと思っていた。

兵頭さんは今日も颯爽と現れ、居間の古びた座布団にすっと腰を下ろした。ばあちゃんは兵頭さんのことを覚えているのか、いないのか、微妙な表情をしていた。

「お変わりなかったですか？」

兵頭さんはばあちゃんと目線を合わせ、声をかける。ばあちゃんはゆっくりと頷きながら答える。

「なんも変わっとらん」

そこへ私が横から割り込むように相談事を切り出した。

「お陰様で変わりないです。でも最近、トイレに行くときにたまに転ぶようになったんです。危ないんで、手すりをつけようかと思っているんですが、介護保険の住宅改修について伺いたくて」

私は以前、役所の介護保険課で保健師として働いていたので、当時の介護保険制度については知っていたが、最近の介護保険制度についてはよくわからなかった。

「いいですよ。どんなことがお聞きになりたいですか？」

「住宅改修費の支給って、先に全額払って、あとで9割返ってくるんですよね」

「そうなんですけど、まずは着工する前に申請をしないといけないんです。それとケアマネの理由書も要るんですよ」

兵頭さんは要点を簡潔に説明してくれた。

「トイレの中に手すりをつけたいんですか？」

「いいえ、ここのトイレはもともと和式だった狭いトイレを無理やり洋式にしているので、転ぶこともできないくらい狭いんですよ」

私の説明に母も兵頭さんもぷっと吹き出した。

「手すりをつけたいのはトイレの手前の引き戸のあたりです。他にもいろいろ改修しようかと、ちょっと悩んでいるんですけど」

「できる限り支給されるようお手伝いしますが、最近は役所に理学療法士さんが雇われていて、厳しい審査があるんですよ」

「へぇ、役所に理学療法士がいるんですね」

「理学療法士さんに不必要だと判断されると支給されないんですよ」

「審査は厳しいんですか」

「それが微妙なところで、審査が通らないと、申請した人から苦情がきて、理学療法士さんの立場がつらくなるらしいんです。かといって、なんでも通すわけにもいかないですよね」

「そうなんですか。板挟みになったらつらそうですもんね」

私の夫も理学療法士だが、理学療法士も楽な商売ではないようだ。そんなことを胸の内でつぶやいていた。

「必要であれば、ちゃんと認められますので。実際、何度か転んでおられるし」

「ほんと、何度も転んでるんですよね。骨太なんで骨折はしませんけど」

私がそう言うとばあちゃんが怒り出した。

「そんなに転んでないわ。それにばあちゃんの骨はか細いぞ」

一瞬、全員の視線がばあちゃんの足に集まった。その足には、分厚い靴下が重ね履きされていて、より一層太く見えた。

「ほっ、細いですよ。手すりをつけましょう」

兵頭さんは気を遣ってみえみえの嘘をついた。兵頭さんの言葉に水をさすようにばあちゃんが答えた。

「ふん、そんな手すりをつけたら、狭くなって余計に転ぶわ。勝手にこの家をいじったら、許さん」

[レッスン]

住宅改修費や福祉用具購入費などの支給

介護保険では、上限20万円まで住宅改修費の支給を受けることができます。自己負担は1割または2割（2万円または4万円）です。1回の改修で使い切らずに数回に分けて使うこともできます。改修後に引っ越した場合や、要介護度が3段階以上進んだ場合は再度20万円まで使うことができます。対象となるのは、手すりの取り付け、段差の解消、引き戸などへの扉の取り換え、床材の変更、洋式便器への取り換えなどです。介護保険を利用する際には、改修工事を始める前に事前に申告しなければいけません。領収書や明細書が必要なので、必ず保管しておきましょう。

入浴や排泄のときに使う入浴用椅子やポータブルトイレなど、直接肌に触れ、レンタルに適さない介護用具については、福祉用具購入費の支給があり、1割（2割）負担で購入できます。利用限度額は年間10万円となっています。購入時に全額を支払い、あとで払い戻されるため、こちらの場合も領収書は必ず保管しておきましょう。指定事業者から購入することが利用条件となっているので、利用する際には、地域包括支援センターやケアマネジャーに相談しましょう。

遠い温泉

母は以前から神戸のフラワーパークにばあちゃんを連れていきたいと言っていた。フラワーパークには温泉があり、母はそこの赤褐色の濃い泉質をとても気に入ったそうだ。母はその温泉にばあちゃんを入れたいという。フラワーパークには温泉だけではなく、牧場や猿まわしもあるらしい。子どもたちもばあちゃんもきっと喜ぶに違いないと思い、家族全員の休みを合わせて、1泊2日で行くことになった。

うちには大きいバンがないため、私のワゴン車と父の乗用車の2台で向かう。父の乗用車のほうが車高が低いので、ばあちゃんは乗用車の助手席に乗ることになった。

阪神高速はトイレがないため、少し飛ばしぎみに走る。娘のさおりは車酔いしたのか、名神高速に入るとすぐに吐いてしまった。ばあちゃんのトイレもあるし、迷わず直近のサービスエリアに入る。父以外は全員、車椅子用トイレに入り、ばあちゃんは用を足し、私はさおりを着替えさせ、母は令人のおむつを替える。子どもと認知症の高齢者を連れての旅は、いつもこんな具合だ。

やっとのことでフラワーパークに到着。そこは想像していたよりもずっと大きな場所だった。フラワーパークの敷地内には遊園地やフルーツ狩りができる果樹園などがあり、お目当ての温泉は結婚式もできる西洋風の大きなホテルの中にあった。

ところが、このフラワーパークの大きな敷地が、ばあちゃんにとっては試練となった。駐車場からホテルのフロントまでの道のりが長く、ばあちゃんは、少し歩いてはベンチで休み、また歩いては休みと、なかなか前進しなかった。見かねた私は、ホテルのフロントに行って、車椅子を借りることにした。私が車椅子を押してばあちゃんのそばに行くと、ばあちゃんが私に手を合わせた。

「そんなん、ばあちゃんにはもったいないけど、ありがたい」

歩くことができるのに、車椅子を使うのは、ばあちゃんにとっては気が引けるのであろう。

「遠慮せんでええよ。乗ってくれたほうが私らも早く進めて助かるし」

「ありがとう」

ばあちゃんが素直に礼を言う様子を見た母は「ばあちゃんも認知症が進んで穏やかになってきたね」とつぶやいた。母がばあちゃんの車椅子を押し、私は令人を乗せたベビーカーを押す。車椅子は本当に便利だった。車椅子があることで活動範囲が広くなる。旅行に来てまで、ばあちゃんにリハビリをさせる必要はない。

「ほんと、車椅子を置いててくれて、助かったね」

ホテルのフロントで受付を済ませると、係りの人が部屋に案内してくれた。

「車椅子、部屋の外に置いていてもいいですかね」

ベビーカーもあるので、車椅子までは入らない。

「どうぞ、置いていてください」

係りの人が一礼して去ろうとしたとき、ひとつ忠告があった。

「あっ、今日は中国の方もいらっしゃってますので、お風呂の時間に気をつけてくださいね。中国の方が入る時間がありますので」

「一緒に入ったら、ダメなんですか?」

「いえ、いいんですけど、すごく元気がいいというか、賑やかなんで」

「あぁ、なるほど」

私と母はぽかんと口を開けながら頷いた。

部屋でのんびりしていると、ドアの外でざわざわ声がする。父がドアをちょっと開けて外の様子を確認する。

「中国の人らや」

声の規模から察するに、御一行が大人数であることがわかる。

しばらくすると、ばあちゃんが「風呂に入りたい」と言い出したので、夕食前に温泉に入ることにした。ドアの外のざわめきはすでに消えていた。温泉に入る準備をして部屋から出ると、置いていた車椅子がなくなっていた。

「もう1回、フロントで車椅子を借りてこようか」

「風呂までくらい歩けるぜ」

ばあちゃんは自信満々に言った。令人をベビーカーに乗せて、家族全員で長い廊下を歩きだした。

ところが、温泉は意外と遠かった。ばあちゃんはつらそうに歩いていたが、自分で歩けると言った手前、意地になって歩いている様子だった。

「車椅子、借りてこようか」

「いい、歩ける」

さおりはどんどん前に行ってしまう。

「ばーばーちゃん、遅い」

さおりは遠慮なくそう言う。そこへ、ホテルの女性スタッフが通りかかった。ばあちゃんは女性スタッフを見るなり、いきなり首筋をつかんで、突っかかった。

「ふっ、風呂が遠すぎるわ～」

「ひぃ～」

ばあちゃんにすごい剣幕で首筋をつかまれた女性スタッフは小さな悲鳴を上げた。ばあちゃんは手加減を忘れていた。私と母は慌ててばあちゃんを止めに入った。

「すみません」

「もう、なにやってんの、風呂が遠いくらいで」

「くっ、車椅子を持ってきます」

女性スタッフはそう言うや否や逃げるようにその場を立ち去った。ばあちゃんは立っていることができなくなり、その場に座り込んだ。

しばらくして、先ほどの女性スタッフが車椅子を持って現れた。上司とみられる男性も一緒だ。私が車椅子がなくなったことを話すと謝罪された。

「申し訳ありません」

ふたりは深々と頭を下げた。そして女性スタッフが申し訳なさそうに口を開いた。

「あの、今、中国の方が温泉に入られている時間なんですが」

「そうなんですか。でも、もうここまで来ちゃったので」

私は仕方ないよねと、母に目配せをした。


温泉に到着すると、受付の人にも念を押された。

「今、中国の人が入る時間ですけど」

「わかってます。大丈夫です」

私がすかさず答えた。ベビーカーと車椅子を浴場の入口に置くと、いざ温泉へ。

早速、着替えようとするが、空いているロッカーがなかなか見つからない。なんとか母が空いているロッカーをふたつ見つけてくれた。ばあちゃんは毎日温泉デイに行っているからか、あっという間に服を脱いでしまった。私たちは全員、脱衣を済ませ、ばあちゃんと子どものおむつをゴミ箱へ捨てた。浴室のドアの奥はガヤガヤ賑わっている。ドアを開けると、中は中国人の女性であふれかえっていた。


まずは洗い場へ向かうも、空いているところがなかなか見つからない。2カ所並んで空いているところはなく、仕方なくふたつのグループに分かれた。

ようやく体を洗い終わると、いよいよ温泉だ。赤褐色の温泉に入れるのはローマ風の円形浴槽1カ所だけだった。そのローマ風の浴槽はすっかり錆び付き、本来の豪奢な趣は失われていた。中国の女性たちは円形の浴槽の内側にぎっしり張りつくように浸かって、大声で盛り上がっている。浴槽の真ん中だけが空いていた。仕方がないので、私たちは女性たちをかき分け、真ん中で浸かることにした。私たちは周囲の視線を一身に浴び、入るのを少し躊躇した。私と母は女性たちを一瞥し、気にしないふりをしたが、ばあちゃんは周りに睨みを利かしていた。

「ばあちゃん、目をつぶってゆっくりしよう」

温泉に入ってゆっくり落ち着きたいのだが、まったくそのような雰囲気ではなかった。私と母は子どもを抱きながら、身も心も緊張していた。そんな中、ばあちゃんが急に大声を発した。

「どいつや、車椅子を盗ったやつは？」

ばあちゃんの怒声に、場が一瞬静まり返った。

「勝手に持っていくやつがあるか」

ばあちゃんがそう言うと、みんなが浴槽から徐々に上がりはじめた。「出ていけ」と言われたと思ったのだろうか。

「ばあちゃん、もうやめとき。この人らかどうかわからんし、ばあちゃんの車椅子でもないし」

そんなことを言っているうちに、女性たちは浴槽からいなくなり、私たちの貸し切り状態となってしまった。

「ばあちゃん、車椅子が盗られたこと、よう覚えてたよね」

私が母に投げかけた。

「ユウが、前に言ってたやつやろ。感情を揺さぶる記憶は残りやすいって」

「車椅子を盗られたこと、相当腹立ったんかな」

そんなことを笑いながら話しているうちに、ばあちゃんがむくっと立ち上がった。

「もう、出るわ」

「えっ、今入ったばっかりやのに」

ばあちゃんのお風呂はいつも早い。まだ脱衣所は混雑しているだろう。ばあちゃんが脱衣所と反対の方向に歩き出した。

「ばあちゃん、違う、あっち」

私と母が温泉でゆっくりすることなど、許されるはずもなかった。

[レッスン]

車椅子を上手に使って生活の質を上げる

認知症の人は普通にスタスタ歩くので、歩行能力は問題ないと思われがちですが、実際はそうではありません。認知症になる前段階の軽度認知障害の時点で、すでに歩行能力は低下しています。そして、認知症の進行に伴い、歩行能力も徐々に低下していきます。車椅子を使うと、歩行の機会を奪うので、歩行能力が低下するという意見もあります。確かに、この意見は正しいのですが、長距離の歩行は高齢者の体に大きな負担をかけるのも事実です。また、それをサポートする家族にも負担がかかります。車椅子があれば、旅行など移動距離が長いときでも、気楽に出かけることができます。日常生活でも車椅子を有効に使うことで生活の幅を広げることができます。

懐メロ番組と旅番組

土曜日の昼下がり。土曜日は訪問介護の日なので、温泉デイサービスはお休みとなる。土曜日は母と茂兄さんが交互にばあちゃんのお世話をすることになっている。今週は母の当番だが、母が夕方から出かけるというので、私が引き継ぐ。

「前に言ってたように、今日はプールの友達の送別会やから、ばあちゃんの夕飯頼むな」

母は介護をしながら食堂にも勤め、ジムにまで通うスーパー介護者だ。

「はい、はい、あの面白いことばかり言う人ね」

「そうそう、『私ら、ジム通いが終わったら、次はデイサービスや』って言って笑いとる人ね」

「そう、そう」

「引っ越ししはんの？」

「そう、子どもと同居することに決めたんやって。今はピンピンしてるけど、自分がいろいろできなくなってから同居するより、今から同居を始めたほうが、子どもらを助けてあげられるからって」

「なるほどね。それも賢い選択やね」

母の友人はひとつ先の未来を見据えた選択をしている。

「ユウに負担かけんように、ビデオを流しとくから」

ばあちゃんのほうに目をやると、ばあちゃんがテレビを見て感嘆の声を上げている。

「すごいな〜、きれいやな〜」

ばあちゃんの横でさおりがにこにこ笑っている。時折、ばあちゃんのことを馬鹿にするさおりであったが、今日はふたりで楽しそうにテレビを見ている。子どもたちは私の家、ばあちゃんの家、母が住んでいる実家の3つの家を行ったり来たりするのが楽しいようだ。

ばあちゃんが家にいる土曜日は、無為に過ごさないようにと、ビデオを流すようにしている。美空ひばりが出てくる懐メロ番組や、電車で絶景をめぐる旅番組などを録画したビデオが何本か用意してある。さおりは大の電車好きで、外国の電車を嬉しそうに眺めている。

「懐メロも旅番組も、何回見ても初めて見たかのように喜んでくれるから、録りがいがあるわ」

「こんなにビデオに反応してくれるとはね」

ばあちゃんは大好きだった朝の連続ドラマを見なくなり、ニュースにも興味がなくなり、もうテレビ番組を楽しむことができなくなったと思い込んでいた。しかし実際は、ばあちゃんが楽しめる番組を提供できていなかったのだ。

「そんなことしたら、あかんやろ〜。ばーばあちゃん、アホなことすんな」

さおりがばあちゃんを偉そうに叱りつける。ばあちゃんがリモコンのボタンを誤って押してしまったようだ。さおりは認知症のことがわからないので、時々ばあちゃんを自分より頭の悪い人として扱うことがある。

ふたりが一通りビデオを楽しんだあと、台所にさおりを呼んで問いかける。

「もう、なんでばーばあちゃんにあんなに偉そうにすんの」

私も人のことは言えないと思いつつも、娘をたしなめる。

「だって、ばーばあちゃん、アホなことするから」

「ばーばあちゃんは、前はすごく賢かったんやで、いろいろ忘れたり、わからなくなったりする病気にかかっただけなんや」

子どもにもう少しうまく伝える言い方はないものかと、考えながら言った。

「前は、賢かったん?」

「そうや」

「そんなに、賢かったん」

「いや、そんなには賢くなかったかもしれんけど……」

それを廊下で聞いていた母がクスクス笑いだした。

ガラッと扉が開いて、父が2歳の令人を連れてやってきた。新しい車のおもちゃを持っている。令人はタタタと廊下を走って居間に入ってくる。

「この子は誰じゃったかいな……。ああ、あんたの子やな」

ばあちゃんは、自信なさげに私の顔をうかがった。

「そうや、令人や」

母がばあちゃんのカレンダーに予定をすらすらと書き込んでいった。

「明日は、どこに行くんやったかいなあ?」

ばあちゃんが母に尋ねるも、令人がすかさず答えた。

「温泉ブーブー」

感心したようにばあちゃんが令人の頭を撫でた。

「あんたが知っとってくれたんね～」

[レッスン]

単純に楽しめるビデオを用意する

認知症になると、昨日の出来事も忘れてしまうようになります。したがって、連続ドラマのようなストーリーが続く番組は、前回の話を忘れてしまうので楽しめなくなります。ニュース番組も難しく感じるようになります。そんな中でも、懐メロ番組、動物番組、美しい景色を紹介する旅番組などは、わかりやすくて単純に楽しめるので、いい反応が得られます。懐メロ番組は回想を促す効果があるので、認知症の進行を抑制し、心理的な安定も期待できます。このようなテレビ番組を活用すれば、介護の負担も減らすことができます。

[レッスン]

自然体の介護を続ける秘訣

1 家族は模範的なケアをする必要はない

介護スタッフが利用者に優しく接しているのを見て、自分はあんなに優しくはできないと落ち込むことがあるかもしれません。しかし介護スタッフは、仕事だからこそ、他人だからこそ、優しく接することができるという側面もあります。家族は介護スタッフのような模範的なケアを目指す必要はありません。本人に対して常に怒っていてはダメですが、ときには言いたいことを言っても構いません。自然体で介護に臨むことで、介護が楽になり長続きします。

2 介護の形も人それぞれ

本書に登場する認知症の人は性格も病状もさまざまです。一概に認知症といっても、人によって症状も異なり、必要なケアも変わってきます。そして、認知症は進行するので、段階に応じて必要なケアも変わってきます。認知症の初期は、探し物や物盗られ妄想などのコミュニケーションのトラブルが多く、進行するにつれて、排泄のトラブルが多くなり、重度になると会話をすることも難しくなってきます。

3 得意なことを中心に介護する

現在、祖母の介護は母が主たる介護者で私はサポート役です。家族の各人が自分の取り組みやすい部分で介護を行い、なるべく無理をしないようにしています。例えば、母は料理が得意なので、祖母の食事は母が作って持っていきます。その一方で、掃除は嫌いなので訪問介護に頼んでいます。母は電話と書くことが苦手なので、ケアマネジャーやデイサービスへの電話連絡、主治医への手紙、高額介護サービス費や退院後の入院保険の請求、障害者手帳の更新、年賀状などの作成は私の担当です。祖母と行く温泉旅行の段取りも私の担当です。茂兄さんは介護向きの軽自動車を持っているので、ばあちゃんの受診の付き添いや、隔週で泊まりにきて介護を手伝ってくれます。日中はほぼ毎日、デイサービスを利用しています。

4 自分の時間を確保する

母は朝と夕方に祖母に食事を持っていきますが、祖母がデイサービスに行っている日中は仕事やスポーツジムなどに行って、自分の時間を過ごしてます。私の場合、最近はたまに用事をこなすだけなので、自分の時間は十分にあります。茂兄さんの役割も祖母の病院への付き添いと、隔週での泊まりの介護だけなので、自分の時間があり、仕事や趣味を満喫しています。介護サービスを活用し、各人で介護を分担しながら、自分の時間が確保されているからこそ、在宅での介護が続けられているのです。

曾祖母の手紙

ある日、仏壇の引き出しの奥から、手紙が入った古い封筒を見つけた。手紙は富山に住んでいたばあちゃんの母親であるおかよさんが、ばあちゃんに宛てた手紙だった。ご先祖の遺品なので、じいちゃんの仏壇の引き出しの奥にばあちゃんが入れていたのかもしれない。ばあちゃんはじいちゃんの仏壇に手を合わせながら、母親にも思いをはせていたのだろう。手紙を開くと、文章は昔の書体で書かれており、大変読みにくいものだった。それほど古い時代の手紙ではないのに、こうも読みにくいものか。

私は手紙を自宅に持ち帰り、文字を少しずつ追っていった。封筒には3通の手紙が入っていた。手紙に日付を入れる習慣はなかったようで、出された順番はわからなかった。わからない文字は読み飛ばしながら、私の知らない昭和の時代を探るように読み進めていった。

最初に読んだ手紙には「送ってほしいものがあったら言うように」と書かれていた。言うといってもそれもまた手紙のやり取りなのだろう。当時は、お店をやっている裕福な家にしか、電話はなかったそうだ。現代人からすると気が遠くなるようなやりとりだ。ばあちゃんは夫であるじいちゃんと長女である私の母、初子と大阪に出てきた。しかし、じいちゃんが結核で入院してしまい、ばあちゃんは生野区田島町の親戚を頼って眼鏡屋で働きはじめた。富山のおかよさんに会いたかっただろうが、ばあちゃんも一家を養うために、それどころではなかったはず。おかよさんは手紙の中で、結核のじぃちゃんが十分な治療を受けられるように、お金を借りてでもなんとかするように書いていた。そして、いつでも富山に帰ってきていいとも。

次の手紙には「文章がだんだんうまく書けなくなっているから、かんがえて読むように」と書いてあった。そして、ばあちゃんに会えないことがなによりもつらいと書かれていた。大阪と富山は今でも簡単に行き来できる距離ではない。当時はなおさらそうだったに違いない。どの手紙にも、ばあちゃんに会えないおかよさんのつらい気持ちがにじんでいた。

最後の手紙には、ばあちゃんの亡き弟の佐助さんが登場した。確か、佐助さんはダムで釣りをしている最中に、ダムから落ちて死んだと聞いた。佐助さんは手紙の中では、いきいきと活躍していた。おかよさんが急に痩せたので、佐助さんが心配して病院に連れていったらしい。胃の調子が悪く、開腹手術をしたら、じつは肝臓に玉があったと書かれている。玉とは腫瘍のことのようだ。そういえば、おかよさんは肝臓がんで亡くなったと誰かが言っていた気がする。おかよさんは自分の闘病のつらさについてはあまり語っておらず、日々、周りの人が自分に親切にしてくれることに感謝していた。また、元気になったら京都の本願寺に参りたいと書いてあった。私の母が10歳のときにおかよさんは亡くなったそうだ。母は昭和25年生まれで、10歳となると昭和35年。果たして、京都の本願寺には行けたのだろうか。そして、ばあちゃんはおかよさんが亡くなる前に会うことができたのだろうか。手紙を閉じた私は、私より事実を知っているであろう母に確かめてみようと思った。

庭の茄子の花がうつむき加減に見える。握りしめたばあちゃんへの手紙の重みを感じながら思った。

「ばあちゃんを大事にしないとね」

黒やぎさんと白やぎさん

子どもたちがリビングで、きゃっきゃ騒ぎながらおもちゃの取り合いをしている。ばあちゃんはおかよさんが亡くなる前に会うことができたのか、母に聞いてみた。

「それは、お母さんもわからんわ」

ばあちゃんが母親のおかよさんに亡くなる前に会えたかどうかは、母もわからなかった。

「お母さんも小学生やってんもんな」

母の小学生時代は、どうしても想像がつかない。20代のばあちゃんもまったく想像ができないが。

「ただ、送ってほしいもんがあったら送ってあげるとかいうのは、昔も今と変わらんな」

母が娘を思う気持ちは、時代を越えても変わらないのかもしれない。

「でも、その送ってほしい物も、きっと手紙で伝えるんよね?」

「電話がまだなかったからな。黒やぎさんと白やぎさんの世界や」

母は笑いながら言ったが、私にはなんのことかわからず眉をひそめた。

「黒やぎさん?」

「ほらっ、童謡にあるやろう? そんな歌」

「さおり、黒やぎさんの歌、歌ってみ」

さおりは、待ってましたとばかりにニコッと笑い、歌いだした。


白やぎさんからお手紙着いた。

黒やぎさんたら、読まずに食べた。

仕方がないので、お手紙書いた。

さっきの手紙の御用事なぁに?


黒やぎさんからお手紙着いた。

白やぎさんたら、読まずに食べた。

仕方がないので、お手紙書いた。

さっきの手紙の御用事なぁに?


笑いを誘うはずの歌が、なぜか古きよき時代を想起させ、妙に心に響いた。

[レッスン]

思い入れの強い品物は保管しておく

認知症の人は昔の記憶と現在の記憶が混同してしまうことがあります。自分の母親がまだ生きていると思ったり、施設の介護スタッフを学校の先生と思ったりします。

認知症の人の不可解な行動を理解する手がかりがその人の幼少期、青年期にあるかもしれません。古い手紙や写真があれば、昔のことを知る手がかりになります。また、親の形見や本人が長年使ってきたものは安心感をもたらします。入院や施設入所時に持っていくと緊張感やストレスを和らげてくれるでしょう。認知症の人がいる家では物がよく失くなりますが、介護の助けになるようなものはきちんと保管しておきましょう。

今日も好きなように

今朝、ばあちゃんは死んだじいちゃんが作った古びた台に座り、温泉デイサービスの送迎車を、今か今かと待っている。箱作り職人だったじいちゃんの腕は確かなもので台を支える4本の脚はいまだびくともしない。夏の太陽が東向きの玄関に容赦なく照りつける。

ばあちゃんの家では、デイサービスから持って帰った衣類やタオルなどを夕方に洗濯して、一晩中干しておく。夏の晴れの日だと、午前中には洗濯物はすっかり乾いている。ばあちゃんの洗濯物が少ない日には、令人の洗濯物も一緒に洗濯する。今朝、私は令人の洗濯物を取りにきていた。

「今日は、温泉でどんなことするんやろうね」

何気なく、私が問いかけると、ばあちゃんは道路を見つめたまま答える。

「今日も好きなようにするわ」

好きなようにするって、簡単なようだが、高齢になると、好きなようにするのが難しくなってくる。介護が必要になったり、認知症になったりするとなおさらである。

好きなようにさせてあげたいという周りの人の思い…、認知症の人が自由にできる環境を整えてくれる人の存在が欠かせない。好きなようにできるってもっとも大切なこと。周りの人に決められた環境で、決められた服を着て、決められた髪型をして、決められた食事を食べて、決められた時間に寝る。決められたことをする。支援が必要になってくると、そのことが当たり前のように正当化されてしまうのが怖い。

好きな服を着て、好きな髪型にして、好きなときに、好きなところにでかけ、好きな人と好きな物を食べる。支援が必要になっても、そんな当たり前のことが少しでもできる社会に。その人らしく生きることができるよう、温かく見守れる社会に。

「ばあちゃん、そうやな〜。それでええと思う」

きっと、ばあちゃんは大事なことをわかっている。

私は、ばあちゃんの家を出て、自分の家へとぼとぼ歩きながらつぶやく。

「今日も好きなようにする、か」

ばあちゃんの何気ない言葉に認知症の人の明るい未来を見た。

[レッスン]

認知症の人の自己選択を大事に

認知症になると、自分で考えて計画を立てたり、判断したりする能力が衰えてしまいます。そのため本人が物事を決める際には、周りの人がある程度お膳立てをしてあげる必要があります。「なにをしたい？」とゼロから考えさせる問いかけではなく、「これとあれならどっちがいい？」と認知症の人でも理解して判断できる選択肢を用意しましょう。自己選択は認知症の人のエンパワーメントや自立心を維持するうえで、非常に重要になってきます。認知症の人は判断力がないと思い込んで、周りの人がなんでも決めてしまうことが多いのですが、認知症の人と接する際には、自己選択の機会を意識的に作りましょう。

※年齢は2020年時点

75〜79歳	70〜74歳	65〜69歳
1941〜1945年	1946〜1950年	1951〜1955年
昭和16 〜20年	昭和21〜25年	昭和26〜30年
「ラバウル小唄」、「同期の桜」、「ラバウル海軍航空隊」	「東京キッド」（美空ひばり）、「青い山脈」（藤山一郎）、「東京ブギウギ」（笠置シヅ子）、「とんがり帽子」（川田正子）、「リンゴの唄」（並木路子）	「月がとっても青いから」（菅原都々子）、「岸壁の母」（菊池章子）、「雪のふる街を」（田中喜直）、「お祭りマンボ」（美空ひばり）、「テネシーワルツ」（江利チエミ）

世代別流行歌♪

年齢	90～94歳	85～89歳	80～84歳
生まれた年（西暦）	1926～1930年	1931～1935年	1936～1940年
生まれた年（年号）	昭和元年（大正15年）～昭和5年	昭和6～10年	昭和11～15年
流行歌	「すみれの花咲く頃」（宝塚歌劇団）、「東京行進曲」（佐藤千夜子）、「君恋し」（二村定一）、「波浮（はぶ）の港」	「二人は若い」（星玲子、ディック・ミネ）、「東京音頭」、「影を慕いて」（藤山一郎）、「丘を越えて」（藤山一郎）	「蘇州夜曲」（渡辺はま子）、「一杯のコーヒーから」（霧島昇）、「旅の夜風」、「別れのブルース」（淡谷のり子）、「東京ラプソディ」（藤山一郎）

あとがき

日本では、認知症の人は「耄碌《もうろく》」、「恍惚《こうこつ》の人」などと表現され、十分に理解されない時代がありました。今でも「認知症になって生きていても仕方がないのではないか」と考える人もいます。私は認知症になってからの人生を否定することは、真に恐ろしいことだと思っています。先天的に障害がある人の命が尊いように、後天的に不自由さや障害を得た人の人生も同じく尊いものです。

認知症の人は周りからの適切な支援がないと孤立したり、人間らしい生活が営めなくなったりしてしまいます。場合によっては、なにもわからない弱い者とみなされ、人権が無視され、周りの人に人生をコントロールされてしまうこともあります。

そんな弱い立場になりがちな認知症の人のヒーロー（ヒロイン）に当たるのがうちのばあちゃんです。認知症のばあちゃんを騙そうとする人を、逆に出し抜くところが私はとても気に入っています。ほがらかな可愛いおばあちゃんも素敵ですが、自分の意思を貫く頑固ばばあ的な生き方もかっこいいと思います。年老い、認知症になり、自信がなくなってしまうと、頑固ばばあを貫くのも簡単ではありません。ひょっとしたら、頑固ばあは高齢者の理想の形なのかもしれません。

日本は諸外国に比べ、高齢者の意志や人権が尊重されにくい国です。実際、認知症の人が自分の人生を完全にコントロールするのは、容易ではありませんが、それができるように後方から支援することが認知症の人の人権を守るうえで重要なのです。

本書の最終話のばあちゃんの「好きなようにするわ」というセリフに、認知症になっても周りの人からコントロールされることなく、自分の人生を自由に選択するという意志を感じとっていただければと思います。

これから2025年に向け、高齢者は増加していきます。それに比例して認知症の人も増加していくでしょう。しかし、社会全体を見渡すと、いまだに認知症の人が敬遠される状況にあります。認知症の人やその家族が生きやすい社会にはまだ程遠い現実です。

それに加え、昨今の新型コロナウイルス感染予防対策である「マスクの着用」、「ソーシャルディスタンスの確保」などによって、これまでの寄り添うケアを実施するのが困難な状況となってきました。しかしながら、その人の気持ちに寄り添い、その人の人生、その人らしさを重視したケアが大切なのは、依然として変わりません。

本書が介護にかかわる人のなんらかの助けになり、さらに認知症の人やその家族が生きやすい社会になるように、介護に携わる専門職だけでなく、地域の人たちの意識が変わる一助になれば幸いです。

最後に、私が居候する前にばあちゃんと一緒に住み、面倒をみてくれていた介護福祉士の私の弟、遠藤倫生様、介護現場の実情について、教えてくださったケアマネジャー中出貴三子様、西岡由紀子様、認知症研究の最前線についてご教示くださった臼井キミカ教授、ラジオの世界への架け橋となってくださった、大阪・本町の「べっぴん野菜と日本酒 たまや」女将の玉木直美様、本書1巻をfmGIG（エフエムギグ）ラジオ「マゴちゃんのツナガリっちょラジオ」でご紹介くださったパーソナリティ相葉恭子様、本書と同タイトルの認知症ラジオ番組を創設くださったツナガリっちょスタジオ西宮、プロデューサー山田真郷様、私のラジオ番組、「認知症介護ラプソディ」で本書を共に紹介してくださるサブパーソナリティの髙橋明美様に厚くお礼申し上げます。

参考文献

●児玉桂子他、PEAPにもとづく認知症ケアのための施設環境づくり実践マニュアル、中央法規出版、2010
●都村尚子、バリデーションへの誘い、全国コミュニティライフサポートセンター、2014
●トム・キットウッド、キャスリーン・ブレディン他、認知症の介護のために知っておきたい大切なことーパーソンセンタードケア入門、筒井書房、2005
●ドーン・ブルッカー他、VIPSですすめるパーソン・センタード・ケア、クリエイツかもがわ、2010
●六角僚子、認知症ケアの考え方と技術、医学書院、2015
●Naomi Feil他、バリデーション―認知症の人との超コミュニケーション法、筒井書房、2001
●山田律子、老年看護課程、医学書院、2016
●トム・キットウッド他、認知症のパーソンセンタードケアー新しいケアの文化へ、筒井書房、2005
●日本看護協会、認知症ケアガイドブック、照林社、2016
●加藤伸司、認知症になるとなぜ「不可解な行動」をとるのか：深層心理を読み解きケアの方法を探る、2016、河出書房新社
●東京都医師会、これからの在宅医療に対する新たなアプローチ、2011

著者　速水ユウ

大阪府出身。大阪府立看護大学（現大阪府立大学）を卒業後、看護師（病院勤務）を経て、保健師として役所の介護保険の部署にて勤務し、要介護認定調査、家庭訪問、介護相談、広報業務に携わる。その後、アメリカに留学し、ミズーリ大学社会学学士課程、ミネソタ州立大学女性学修士課程修了。留学の前後、事務系および医療系派遣社員を経験。その後、慶應義塾大学看護医療学部地域看護助教、甲南女子大学看護リハビリテーション学部老年看護助教を経て、現在は企業や官公庁にて保健指導のかたわら、fmGIG（エフエムギグ）ツナガリっちょスタジオ（西宮）にて　本書と同タイトル「認知症介護ラプソディ」のラジオ番組のパーソナリティを務める。世の中の小さな声の発信をモットーとし、コロナ禍で介護職等の声の発信に尽力し、その活動が2020年5月毎日新聞朝刊（阪神や大阪エリア）に掲載され、講演活動の依頼が増えている。保健師、認知症予防食生活支援指導員。野菜ソムリエプロや海外留学経験から、健康面を考えての国内外向けの調味料開発やその活用法などの商品コンサルタントや監修を行っている。趣味は家庭菜園。

fmGIGラジオ『認知症介護ラプソディ』
毎週木曜日13時（サイドA）、25時（サイドB）
（fmgigで検索！マイク画像下再生ボタン）

速水ユウオフィシャルサイト兼ラジオアーカイブ
https://yu-hayami.site

速水ユウYouTube チャンネル
https://youtu.be/7q5p2ucLka8

認知症の人がその人らしく生きる介護術

―― 認知症介護ラプソディ2 ――

2020年8月29日　第1版第1刷発行

著　者　　速水ユウ
発行者　　松田 敏明
発行所　　株式会社 メディカルパブリッシャー
〒102-0073 東京都千代田区九段北 1-8-3 カサイビルⅡ 2F
TEL　03-3230-3841
Mail　info@medicalpub.co.jp
HP　http://www.medicalpub.co.jp

ISBN 978-4-944109-08-1

装丁・本文デザイン　津浦幸子（マイム）
イラスト　林まさのり（林デザイン事務所）／イラスト AC

印刷・製本所　シナノ印刷株式会社